SUPPLEMENT

AUX

LOIX CIVILES.

SUPPLEMENT

AUX

LOIX CIVILES

DANS

LEUR ORDRE

NATUREL.

Par Me LOUIS-FRANÇOIS DE JOUY, Avocat au Parlement.

A PARIS,

Chez
KNAPEN, Imprimeur-Libraire, Grand'Salle du Palais, & vis à vis le Pont S. Michel, au Bon Protecteur & à la Justice.

SAUGRAIN, Fils, Libraire, Grand'Salle du Palais, vis-à-vis la Cour des Aydes, à la Bonne-Foy couronnée.

M. DCC. LVI.

SUPPLÉMENT
AUX
LOIX CIVILES
DANS
LEUR ORDRE
NATUREL

Par M. L'OUR FRANÇOIS DUPORT
Avocat au Parlement.

TOME I.

A PARIS,
Chez { ... }

M. DCC. VI.

AVEC APPROBATION ET PRIVILEGE DU ROY.

TABLE
DES CHAPITRES ET SECTIONS
CONTENUS DANS CET OUVRAGE.

CHAPITRE I. Des conventions en général.   page 1

Loix Civiles 1. part. livre 1. titre 1. sect. 2.   Sect. I. *Des principes qui suivent de la nature des conventions.*   ibid.

Loix Civiles 1. part. livre 1. titre 1. sect. 3.   Sect. II. *Des engagemens qui suivent naturellement des conventions, quoiqu'ils n'y soient pas exprimés.*   2

Loix Civiles 1. part. livre 1. titre 1. sect. 5.   Sect. III. *Des conventions qui sont nulles dans leur origine.*   ibid.

Loix Civiles 1. part. livre 1. titre 1. sect. 6.   Sect. IV. *De la résolution des conventions qui n'étoient pas nulles.*   3

CHAP. II. Du contrat de vente.   4

Loix Civiles 1. part. livre 1. titre 2. sect. 1.   Sect. I. *De la nature du contrat de vente, & comme il s'accomplit.*   ibid.

Loix Civiles 1. part. livre 1. titre 2. sect. 3.   Sect. II. *Des engagemens de l'acheteur envers le vendeur.*   5

Loix Civiles 1. part. livre 1. titre 4. sect. 3.   Sect. III. *De la marchandise ou chose vendue.*   ibid.

Loix Civiles 1. part. livre 1. titre 1. sect. 5.   Sect. IV. *Du prix.*   6

Loix Civiles 1. part. livre 1. titre 2. sect. 6.   Sect. V. *Des conditions & autres pactes du contrat de vente.*   7

Loix Civiles 1. part. livre 1. titre 2. sect. 7.   Sect. VI. *Des changemens de la chose vendue, & comment la perte ou le gain en sont pour le vendeur ou pour l'acquereur.*   10

Loix Civiles 1. part. livre 1. titre 2. sect. 8.   Sect. VII. *Des ventes nulles.*   11

Loix Civiles 1. part. livre 1. titre 2. sect. 10.   Sect. VIII. *De l'éviction & des autres troubles.*   12

Loix Civiles 1. part. livre 1. titre 2. sect. 11.   Sect. IX. *De la redhibition & diminution du prix.*   15

CHAP. III. Du louage & des diverses especes de baux.   ibid.

Loix Civiles 1. part. livre 1. titre 2. sect. 1.   Sect. I. *De la nature du louage.*   ibid.

Loix Civiles 1. part. livre 1. titre 4. sect. 3.   Sect. II. *Des engagemens de celui qui baille à louage.*   16

TABLE

Loix Civiles 1. part. livre 1. titre 7. sect. 3.
CHAP. IV. Du dépôt & du séquestre. 18
SECT. I. Des engagemens du dépositaire ou de ses héritiers. ibid.

Loix Civiles 1. part. livre 1. titre 7. sect. 5.
SECT. II. Du dépôt nécessaire. 19

CHAP. V. De la société. ibid.

Loix Civiles 1. part. livre 1. titre 8. sect. 1.
SECT. I. De la nature de société. ibid.

Loix Civiles 1. part. livre 1. titre 8. sect. 4.
SECT. II. Des engagemens des associés. ibid.

Loix Civiles 1. part. livre 1. titre 8. sect. 10.
SECT. III. De la dissolution de la société. 20

CHAP. VI. Des dots. 21

Loix Civiles 1. part. livre 1. titre 9. sect. 1.
SECT. I. De la nature des dots. ibid.

Loix Civiles 1. part. livre 1. titre 9. sect. 2.
SECT. II. Des personnes qui constituent la dot, & de leurs engagemens. 27

CHAP. VII. Des donations entre-vifs. 30

Loix Civiles 1. part. livre 1. titre 10. sect. 1.
SECT. I. De la nature des donations entre-vifs. ibid.

Loix Civiles 1. part. livre 1. titre 10. sect. 2.
SECT. II. Des engagemens du donateur. 35

Loix Civiles 1. part. livre 1. titre 10. sect. 10.
SECT. III. Des engagemens du donataire & de la révocation des donations. 36

CHAP. VIII. De l'usufruit. 40

Loix Civiles 1. part. livre 1. titre 11. sect. 1.
SECT. I. De la nature de l'usufruit, & des droits de l'usufruitier. ibid.

Loix Civiles 1. part. livre 1. tit. 11. sect. 4.
SECT. II. Des engagemens de l'usufruitier & de l'usager envers le propriétaire. 41

Loix Civiles 1. part. livre 1. titre 11. sect. 6.
SECT. III. Des engagemens du propriétaire envers l'usufruitier, & envers l'usager. 42

Loix Civiles 1. part. livre 1. titre 11. sect. 6.
SECT. IV. Comment finissent l'usufruit, l'usage & l'habitation. ibid.

CHAP. IX. Des servitudes. 44

Loix Civiles 1. part. livre 1. titre 12. sect. 1.
SECT. I. De la nature des servitudes, de leurs espèces, & comme elles s'acquièrent. ibid.

Loix Civiles 1. part. livre 1. titre 12. sect. 3.
SECT. II. Des servitudes des héritages de la campagne. 47

Loix Civiles 1. part. livre 1. titre 12. sect. 6.
SECT. III. Comment finissent les servitudes. 48

Loix Civiles 1. part. livre 1. titre 13. sect. 1 & 2.
CHAP. X. Des transactions. 51

CHAP. XI. Des compromis. 52

Loix Civiles 1. part. livre 1. titre 14. sect. 1.
SECT. I. De la nature des compromis & de leurs effets. ibid.

Loix Civiles 1. part. livre 1. titre 14. sect. 2.
SECT. II. Du pouvoir & de l'engagement des arbitres, & qui peut être arbitre ou non. 55

CHAP. XII. Des tuteurs. 56

DES CHAPITRES, &c.

Lois Civiles 1. part. livre 2. titre 7. sect. 1.　　SECT. I. *Des tuteurs & de leur nomination.*　ibid.

Lois Civiles 1. part. livre 2. titre 1. sect. 4.　　SECT. II. *Du pouvoir des tuteurs.*　57

Lois Civiles 1. part. livre 2. titre 1. sect. 5.　　SECT. III. *Des engagemens des tuteurs.*　58

Lois Civiles 1. part. livre 2. titre 1. sect. 6.　　SECT. IV. *Comment finit la tutelle, & de la destitution des tuteurs.*　60

Lois Civiles 1. part. livre 2. titre 1. sect. 7.　　SECT. V. *Des causes qui excusent de la tutelle.*　61

Lois Civiles livre 3. titre 1.　　CHAP. XIII. Des hipoteques.　63

Lois Civiles 1. part. livre 3. titre 4.　　CHAP. XIV. Des cautions ou fidejusseurs.　67

Lois Civiles 1. part. livre 3. titre 5. sect. 5.　　CHAP. XV. Des intérêts, dommages & intérêts & restitution de fruits.　68

Lois Civiles 1. part. livre 3. titre 6.　　CHAP. XVI. Des preuves & présomptions, & du serment.　69

Lois Civiles 1. part. livre 3. titre 7.　　CHAP. XVII. De la possession & des prescriptions.　70

Lois Civiles 1. part. livre 4. titre 1.　　CHAP. XVIII. Des payemens.　73

Lois Civiles 1. part. livre 4. titre 6.　　CHAP. XIX. Des rescisions & restitutions.　74

　　CHAP. XX. Des héritiers en général.　80
Lois Civiles 2. part. livre 1. titre 1. sect. 1.　　SECT. I. *De la qualité d'héritier & de l'hérédité.*　ibid.

Lois Civiles 2. part. livre 1. titre 1. sect. 2.　　SECT. II. *Qui peut être héritier, & quelles sont les personnes incapables de cette qualité.*　81

Lois Civiles 2. part. livre 1. titre 1. sect. 3.　　SECT. III. *Quelles sont les personnes indignes d'être héritières.*　ibid.

Lois Civiles 2. part. livre 1. titre 3. sect. 1.　　CHAP. XXI. Comment on acquiert une hérédité, & comment on y renonce.　82

Lois Civiles 2. part. livre 1. titre 4.　　CHAP. XXII. Des partages entre cohéritiers.　84

Lois Civiles 2. part. livre 1. titre 1. sect. 7.　　CHAP. XXIII. Des successions testamentaires.　85

Lois Civiles 2. part. livre 3. titre 2. sect. 1.　　CHAP. XXIV. Du testament inofficieux & de l'exhérédation.　87

Loix Civiles 2. part. livre 4. titre 4.   CHAP. XXV. Des legs.   89

CHAP. XXVI. Des substitutions & fidei-commis.   98

Loix Civiles 2. part. livre 5. titre 1. sect. 2.   SECT. I. *Regles particulieres sur quelques cas de substitutions vulgaires.*   ibid.

Loix Civiles 2. part. livre 5. titre 2. sect. 1.   SECT. II. *De la nature & l'usage de la substitution pupillaire.*   99

Loix Civiles 2. part. livre 5. titre 2. sect. 2.   SECT. III. *Regles particulieres sur quelques cas de substitutions pupillaires.*   101

Loix Civiles 2. part. livre 5. titre 3. sect. 1.   SECT. IV. *Des substitutions ou fidei-commis, de l'heredité ou d'une partie.*   ibid.

Loix Civiles 2. part. livre 5. titre 3. sect. 2.   SECT. V. *Des substitutions ou fidei-commis particuliers de certaines choses.*   102

Loix Civiles 2. part. livre 5. titre 3. sect. 3.   SECT. VI. *De quelques regles communes aux fidei-commis de l'hérédité, & à ceux de certaines choses.*   ibid.

FIN DE LA TABLE DES CHAPITRES ET SECTIONS.

SUPPLEMENT

SUPPLEMENT
AUX
LOIX CIVILES
DANS LEUR ORDRE NATUREL.

CHAPITRE PREMIER.
DES CONVENTIONS EN GENERAL.

SECTION PREMIERE.

Des principes qui suivent de la nature des conventions.

SOMMAIRES.

1. *Les conventions ne peuvent préjudicier à un tiers.*
2. *Exception.*

I.

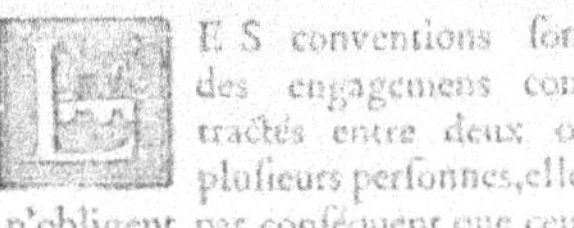

ES conventions font des engagemens contractés entre deux ou plusieurs personnes, elles n'obligent par conséquent que ceux entre qui elles sont faites, elles ne peuvent pas préjudicier à un tiers (*a*)

(*a*) Imperatores Antonius & Verus ita rescripserunt, privatis pactionibus non dubium est non lædi jus cæterorum. L. 3. *in prio ff. de transactionibus.*

Toto titulo cod. res inter alios acta.

II.

Le principe que les conventions ne peuvent pas préjudicier à un tiers souffre une exception. Les résolutions prises dans l'assemblée de créanciers unis, à la pluralité des voix, doivent être exécutées nonobstant le refus & l'opposition des autres créanciers (*b*); dans ce cas la pluralité des voix ne se regle pas relativement au nombre des créanciers, mais relativement aux sommes dont ils sont créanciers. (*c*)

(*b*) Hodie tamen ita demum pactio hu-

A

jufmodi creditoribus obeft , fi convene-
riut in unum & communi confenfu decla-
raverint quotâ parte debiti contenti fint.
Si vero diffentiant tunc prætoris partes
necelfariæ funt qui decreto fuo fequetur
majoris partis voluntatem. L. 7. §. 19.
ff. de paftis.

(2) Majorem effe partem pro modo
debiti , non pro numero perfonarum
placuit. L. 8 *ff. de paftis.*

Cumulum debiti & ad plures fummas
referemus fi forte minutæ fummæ centum
aureorum debeantur , alii vero una fum-
ma aureorum quinquaginta , nam in hunc
cafum fpectabimus fummas plures : uia
illa excedunt in unam fummam coadunata. L. 9. §. 1. *ff. de paftis.*

Cum folito more à noftrâ majeftate petitur ut ad miferabile ceffionis bonorum
homines veniant auxilium , & electio detur creditoribus vel quinquennale fpa-
tium eis indulgere , vel bonorum accipere
ceffionem , falvâ eorum videlicet exifti-
matione , & omni corporali cruciatu fe-
moto. Quotidie dubitabatur , fi quidam
ex creditoribus voluerint quinquennales
dare inducias , alii autem jam nunc ceffionem accipere velint qui audiendi fint.
In tali itaque dubitatione nemini putamus
effe ambigui quod fentimus , & quod hu-
maniorem fententiam pro duriore eligi-
mus , & fancimus , ut vel ex cumulo debiti vel ex numero creditorum caufa ju-
dicetur. Et fi quidem unus creditor aliis
omnibus gravior in fummâ debiti inveniatur , ut omnibus in unum coadunatis ,
& debitis eorum computatis , ipfe alios
antecellat , ipfius Sententia obtineat five
indulgere tempus,five ceffionem accipere
defiderat. Si vero plures quidem fint creditores , ex diverfis autem quantitatibus
etiam nunc amplior debiti cumulus minori fumme præferatur , five par five
difcrepans numerus eft creditorum , cum
non ex frequentiffimo ordine fenerato-
rum , fed ex quantitate debiti caufa truti-
netur. L. ult. cod. qui bonis ced. pof.

L'article 6. du titre 11. de l'Ordonnance du Commerce porte que
» les voix des Créanciers prévau-
» dront non par le nombre des per-
» fonnes , mais eu égard à ce qui leur
» fera dû s'il monte aux trois quarts
» du total des dettes. »

Loix Civiles
1. part. livre
1. titre 4. fect.

SECTION II.

*Des engagemens qui fuivent naturel-
lement des conventions quoi qu'ils
n'y foient pas exprimés.*

SOMMAIRE.

1. *Celui qui s'eft defiflé d'une demande
ne peut plus former la même demande.*

I.

UNe convention oblige non-
feulement pour ce qui eft exprimé nommément dans la convention , mais encore pour ce qui en eft
une fuite néceffaire , ainfi fi j'ai demandé contre le poffeffeur d'un héritage qu'il fut tenu de m'abandonner cet héritage , & fi je me fuis
defiflé de ma demande , je ne puis
pas dans la fuite former la même
demande. (a)

(a) Poftquam liti de prædio motæ
renuntiafti , caufam finitam inflaurari
poffe , nulla ratio permittit. L. 4 cod.
de paftis.

Si quis major viginti quinque annis
intra tempus reftitutionis ftatuum contef-
tatus poftea deftiterit nihil ei proficit ad
integrum reftitutionem conteftatio. L.
papinianus 20.§.fi quis 1°.*ff.de minoribus.*

Loix Civiles
1. part. livre
1. titre 1. fect.

SECTION III.

*Des conventions qui font nulles dans
leur origine.*

SOMMAIRES.

1. *Toute convention frauduleufe eft
nulle.*
2. *Convention pour empêcher un crime.*
3. *Convention contre la difpofition de
la Loi.*
4. *Renonciation au droit de parenté.*
5. *Les parys font-ils des conventions
valables ?*

I.

LEs conventions frauduleuses font à jufte titre regardées comme contraires aux bonnes mœurs & par conféquent font nulles. (a)

(a) Dolo malo ait præter pactum fe non fervaturum. L. *juris* 7. §. *dolo* 9. *ff. de pactis.*

II.

Il eft contre les bonnes mœurs de ftipuler qu'une certaine fomme nous fera payée pour ne pas commettre un crime, la loi de la probité & de l'honneur doit feule nous empêcher de faire des actions criminelles. S'il fe trouvoit quelqu'un qui eût affez peu de fentiment pour faire une pareille ftipulation, elle feroit nulle. (b)

(b) Si ob maleficium ne fiat promiffum fic, nulla eft obligatio ex hâc conventione. L. *juris* 7. §. *fi ob.* 3. *ff. de pactis.*

III.

Toutes les conventions faites contre la difpofition de la Loi font nulles. (c)

(c) Contra juris civilis regulas pacta conventa rata non habentur. *L. contra* 28. *in ppio. ff. de pactis.*

Generaliter quoties pactum à jure communi remotum eft, fervari hoc non oportet. Nec jusjurandum de hoc adactum ne quis agat fervandum Marcellus libro fecundo digeftorum fcribit, & fi ftipulatio fit interpofita de his pro quibus pacifci non licet fervanda non eft, fed omnino refcindenda. *L. juris* 16. §. *& generaliter* 16. *ff. de pactis.*

IV.

Un acte par lequel des parties auroient renoncé réciproquement au droit qui pourroit leur appartenir dans la fuite en qualité de parens l'un de l'autre, feroit nul. (d)

(d) Jus adgnationis non poffe pacto repudiari, non magis quam ut quis dicat, nolle fuum effe Juliani fententia eft. L. *jus* 34 *ff. de pactis.*

V.

Plufieurs perfonnes mettent les parys au nombre des conventions nulles, cependant il faut diftinguer fi le pary a une caufe honnête ou indifférente, ou s'il eft pour une caufe deshonête & contraire aux bonnes mœurs; dans le premier cas le pary peut être bon, dans le fecond, il eft nul : mais il faut obferver que pour la validité d'un pary, il faut que ce qui doit appartenir au vainqueur foit dépofé. (e)

(e) Siquis fponfionis caufâ annulos acceperit, nec reddit victori præfcriptis verbis actio in eum competit, nec enim recipienda eft Sabini opinio qui condici & furti agi ex hâc caufâ putat, quemadmodum enim rei nomine cujus neque poffeffionem neque dominium victor habuit agere furti, plane fi inhonefta caufâ fponfionis fuit, fui annuli dumaxat repetitio erit. L. *Si gratuitam* 17. §. *fiquis ult. ff. de præfcrip. verb. & in fac. act.*

SECTION IV.

De la réfolution des conventions qui n'étoient pas nulles.

Loix Civiles 1. part. livre 1. titre 1. fect. 6.

SOMMAIRES.

1. *Le payement emporte la réfolution de la convention.*
2. *Idem. De la compenfation.*
3. *Quid. De la confufion.*
4. *De la novation.*

I.

LE moyen le plus naturel de réfoudre une convention eft de payer la chofe promife. (a)

(a) Tollitur omnis obligatio folutione ejus quod debetur. *In ppio inft. quibus modis tollitur oblig.*

II.

La compensation emporte aussi la résolution de la convention. (b)

(b) Unusquisque creditorem suum, eumdemque debitorem petentem summovere si paratus est compensare. *L. unusquisque 2. ff. de compensat.*

III.

Lorsque le débiteur se trouve héritier du créancier l'obligation est résolue par la confusion, ensorte que si le débiteur est seul & unique héritier du créancier la dette est entierement éteinte ; s'il n'est héritier que pour une partie, la dette est éteinte pour la portion pour laquelle le débiteur est héritier du créancier,

la confusion est une espéce de payement. (c) La confusion n'a lieu que dans le cas ou l'héritier a accepté la succession purement & simplement.

(c) Debitori creditor pro parte hæres extitit quo ad ipsius quidem portionem atrinet, obligatio ratione confusionis intercidit, aut quod est verius solutionis potestate. *L. debitori 50 ff. sole fussoribus.*
Cum quis debitori suo hæres extitit confusione creditor esse desinit. *L. venditor 2. §. cum quis 18. ff. de hæred. vel act. vend.*

IV.

La novation est aussi un moyen de résoudre les conventions. (d)

(d) Novatione tollitur obligatio. §. præterea 3 inst. quib. med. tolli. oblig.

CHAPITRE II.

DU CONTRAT DE VENTE.

SECTION PREMIERE.

De la nature du contrat de vente & comme il l'accomplit.

SOMMAIRE.

1. De la vente faite à deux personnes sans le consentement de l'un d'eux.

I.

LE consentement du vendeur & de l'acheteur étant nécessaire pour la validité de la vente, il en faut conclure que lorsque la vente se fait à deux personnes, le consentement des deux auxquels la vente est faite est nécessaire pour l'accomplissement de la vente ; si l'un des deux avoit donné son consentement, & que l'autre n'eut pas consenti, la vente ne seroit pas accompli par rapport à celui qui n'auroit pas consenti, mais elle subsisteroit pour la totalité par rapport à celui qui auroit donné son consentement. (a)

(a) Fundus ille est mihi & titio emptus, quæro utrum in partem, an in totum vendito consistat an nihil actum sit, respondi : personam titii supervacue accipiendam puto, ideoque totius fundi emptionem ad me pertinere. *L. fundus 64. ff. de contrahendi empt.*

SECTION

SECTION II.

Des engagemens de l'acheteur envers le vendeur.

SOMMAIRE.

1. *De la remise de portion du prix à condition de payer le surplus dans un certain tems.*

I.

LOrsque le vendeur a, soit par le contrat de vente, soit par un acte postérieur, fait remise à l'acquereur d'une portion du prix de la vente, à condition que le surplus seroit payé dans un certain tems fixe & limité, l'acquereur ne peut profiter de cette remise qu'en payant le surplus dans le tems qui lui a été accordé; la remise étant de pure grace, & n'ayant été accordée qu'à une certaine condition, l'acquereur ne peut pas en profiter lorsqu'il n'a pas satisfait à la condition, d'autant plus qu'un vendeur qui fait une pareille remise, n'est présumé la faire que pour engager l'acquereur à payer plutôt le surplus du prix de son acquisition. (a)

(a) Emptor prædii viginti caverat se soluturum, & stipulanti spoponderat, postea venditor cavit sibi convenisse ut contentus esset tredecim, & ut ea intra præfinita tempora acciperet, debitor ad eorum solutionem conventus, pactus est si ea solura intra præfinitum tempus non essent, ut ex primâ cautione ab eo petitio esset. quæsitum est an cum posteriori pacto satisfactum non sit, tamen debitum ex primâ cautione peti possit. Respondi secundum ea quæ proponerentur posse. L. emptor 47. in ppto. ff. de pactis.

SECTION III.

De la Marchandise ou chose vendue.

SOMMAIRES.

1. *La cession d'une créance donne au cedant, le droit d'agir contre tous ceux qui sont obligés à la dette.*
2. *Le droit de servitude réelle qui appartenoit au vendeur, passe à l'acquereur.*
3. *La vente d'un droit de prendre de l'eau dans un endroit, oblige le vendeur de fournir un passage.*
4. *L'acquereur ne peut demander que ce qui lui a été vendu.*

I.

LE cessionnaire d'une créance est en droit d'agir contre le principal débiteur & contre ses cautions; il suffit que la créance lui ait été cedée, pour qu'il soit en droit d'en demander le payement aux cautions du principal débiteur, quand même il ne seroit fait aucune mention d'eux dans l'acte de cession, le cessionnaire étant en droit d'exercer tous les droits de son cedant: si le cedant ne veut pas que son cessionnaire agisse contre les cautions, il doit le stipuler par l'acte de cession. (a)

(a) Venditor actionis quam adversus principalem reum habet omne jus quod ex eâ causâ ei competit tam adversus ipsum reum quam adversus intercessores hujus debiti, cedere debet, nisi aliud actum est. L. venditor 23. in ppto. ff. de hæred. vel act. vend.

II.

Dans le cas de vente d'une maison ou d'un autre immeuble, le vendeur est présumé avoir compris dans la vente tous les droits qui sont attachés à cette maison & à cet immeuble , quoiqu'il ne soit fait aucune mention de ces droits dans le contrat de vente ; ainsi s'il y a quelque droit de servitude attaché à la maison , l'acquereur en jouira nononobstant le défaut de stipulation. Si la servitude consiste dans un droit d'aqueduc , les canaux par une conséquence naturelle appartiendront à l'acquereur ; (b) & même si le droit de servitude ne subsistoit plus , l'acquereur n'en seroit pas moins en droit de soutenir que les canaux lui appartiendroient comme faisant partie de la maison qui lui a été vendue. (c)

(b) Cum fundus fundo servit, vendito quoque fundo servitutes sequuntur, ædificia quoque fundis & fundi ædificiis eâdem conditione serviunt. L. cum fundus 12. ff. communia præd.

Si aqueductus debeatur prædio , & jus aquæ transit ad emptorem, etiamsi nihil dictum sit, sicut & ipsæ fistulæ per quas aqua ducitur. L. si aquæ 47. ff. de contrahenda emp.

Licet extra ædes sint. L. licet 48. ff. eodem.

(c) Et quanquam jus aquæ non sequatur quod amissum est , attamen fistulæ & canales dum sibi sequuntur , quasi pars ædium ad emptorém perveniunt. L. 49. ff. eodem.

III.

Si dans un contrat de vente j'accorde à l'acquereur le droit de prendre l'eau dans un certain endroit , je m'oblige par cela seul de lui fournir un passage pour jouir du droit que je lui ai vendu. (d)

(d) In lege fundi aquam accessuram dixit, quærebatur an etiam iter aquæ accessisset, respondit sibi videri id actum esse, & ideo iter quoque venditorem tradere oportere. L. qui fundum 40. §. in lege 1°. ff. de contrahendâ empt.

I V.

L'acquereur ne peut prétendre en vertu de son contrat que ce qui lui a été vendu ; il ne pourroit pas forcer le vendeur de lui fournir des marchandises qui seroient en la possession de ce vendeur, & qui seroient de même espece que celles qui lui auroient été vendues , quand même les nouvelles marchandises qu'il demanderoit seroient d'une qualité bien inférieure à celles qu'il auroit achetées, & qu'il en offriroit le même prix; il n'est pas naturel que l'acquereur puisse forcer le vendeur de lui vendre ces nouvelles marchandises , puisque le vendeur ne pourroit pas forcer l'acquereur de les prendre: la loi doit être réciproque. (e)

(e) Si vina emorim exceptis acidis & mucidis , & mihi expediat acida quoque accipere, Proculus ait quamvis id emptoris causâ exceptum sit , tamen acida & mucida non venisse ; nam quæ invitus emptor accipere non cogeretur, iniquum esse non permisi venditori vel alii ea vendere. L. Si vina 6. ff. de peric. & com. rei vend.

Loix Civiles 1. part. livre 1. titre 4. sect. 5.

S E C T I O N   I V.

Du prix.

S O M M A I R E S.

1. *Un vendeur est le maître de vendre à tel prix & à telle mesure qu'il lui plaît , pourvû qu'il ne contrevienne ni à la loi ni aux usages.*
2. *Lorsque le prix d'une vente est fixé à raison du nombre d'arpens , les rivages & chemins publics ne doivent pas faire partie du mesurage.*
3. *Si par le mesurage il se trouve plus d'arpens que le vendeur n'en a déclarés , l'acquereur doit-il payer le prix du surplus ?*

I.

L E vendeur a la liberté de vendre, à tel prix & à telle mesure qu'il souhaite , pourvû qu'il ne contrevienne ni à la loi ni aux usages. (a).

(a) Imperatores Antoninus & Verus Augusto Sextio vero in hæc verba rescripserunt. Quibus mensuris aut pretiis negociatores vina compararent, in contrahentium potestate esse, neque enim quisquam cogitur vendere, si aut pretium aut mensura displiceat, præsertim si nihil contra consuetudinem regionis fiat. *L. imperatores 71. ff. de contrahendâ empt.*

II.

La vente d'un héritage se peut faire ou moyennant un certain prix sans expression de mesure, ou avec expression de mesure; il arrive même très-souvent que l'expression de mesure ne se trouve dans le contrat que pour fixer le prix; ainsi si je vends un héritage à raison de cent francs l'arpent, & que je déclare que l'héritage contient trente arpens, l'expression de la mesure est pour désigner le prix. Dans ce cas, il ne faut pas comprendre dans le mesurage, ni les rivages, ni les chemins publics; le mesurage ne se doit faire que de ce qui a été vendu, or les rivages & les chemins publics ne peuvent pas être compris dans la vente. (b)

(b) Littora quæ fundo vendito conjuncta sunt in modum non computantur, quia nullius sunt, sed jure gentium omnibus vacant, nec viæ publicæ. *L. littora 51. ff. de cont. empt.*

III.

Quand le prix de la vente a été fixé par le nombre d'arpens, & que le vendeur a déclaré dans le contrat que l'héritage vendu ne contenoit qu'un certain nombre d'arpens, si par le mesurage il se trouve que l'héritage contienne un plus grand nombre d'arpens, le vendeur doit payer l'excédent. (c) Il suit de ce principe que si le vendeur sans avoir fait procéder à un mesurage, avoit reçu le prix relativement au nombre d'arpens qu'il auroit déclaré dans le contrat de vente, il seroit encore en droit de demander le mesurage pour constater précisément le nombre d'arpens dont l'héritage seroit composé.

(*) Qui agrum vendebat dixit fundi jugera decem & octo esse: & quod ejus admensum erit, ad singula jugera certum pretium stipulatus erat viginti inventa sunt pro viginti deberi pecuniam respondit. *L. qui fundum 40. 9. qui agrum 2. ff. de cont. empt.*

SECTION V.

Des conditions & autres pactes du contrat de vente.

SOMMAIRES.

1. *Stipulation au profit du vendeur ou de l'acquereur.*
2. *Une vente faite sous condition est nulle quand la condition n'a pas lieu.*
3. *Peut-on stipuler que le vendeur tiendra l'héritage vendu à ferme ou à loyer?*
4. *Peut-on stipuler que l'acquereur ne pourra vendre à d'autre qu'au vendeur?*
5. *Clause que le vendeur sera tenu de liberer l'héritage dans un certain tems.*
6. *Une condition inserée au commencement de l'acte peut être changée dans le corps du même acte.*
7. *Clause que le vendeur sera tenu de payer le prix dans un certain tems.*
8. *Clause que l'acquereur pourra revendre au vendeur l'effet vendu.*
9. *Lorsque les deux parties consentent que la vente n'ait pas d'execution, les arrhes doivent être restituées.*
10. *Si le contrat a eu son execution les arrhes sont elles perdues pour l'acquereur?*

I.

Nous avons des Loix qui déterminent quels sont les engagemens des acquereurs envers les vendeurs, & ceux des vendeurs envers les acquereurs : il est permis de déroger à ces loix dans le contrat de vente par quelque stipulation faite au profit du vendeur ou de l'acquereur. (a)

(a) In emptionibus scimus quid præstare venditor debeat, quidque ex contrario emptor, quod si in contrahendo aliquid exceptum fuerit, id servari debebit. *L. in emptionibus* 43. *ff. de pactis.*

II.

Quand une vente a été faite sous condition, elle est nulle si la condition n'a pas lieu. (b)

(b) Multum interest sub conditione aliquâ obligatio veneat, an cum ipsa obligatio sub conditione sit pure veneat. Priore casu deficiente conditione nullam esse venditionem, posteriore statim venditionem consistere. *L. multum* 19. *ff. de hæred. vel act. vend.*

III.

Un vendeur peut stipuler par un contrat de vente qu'il jouira comme fermier ou locataire des maisons ou autres héritages qui font l'objet de la vente ; cette clause n'ayant rien de contraire aux bonnes mœurs, & faisant en quelque façon partie du prix, doit être executée. (c)

(c) Qui fundum vendidit ut cum certâ mercede conductum ipse habeat, vel si vendat non alii, sed tibi distrahat, vel simile aliquid pacifcatur ad complendum id quod pepigerunt ex vendito agere poterit. *L. qui fundum* 75. *ff. de cont. empt.*

Fundi partem dimidiam eâ lege vendidisti ut emptor alteram partem quam retinebas annis decem certâ pecuniâ in annos singulos conductam haberet, Labeo & Trebatius negant posse ex vendito agi ut id quod convenerit fiat ; ego contra puto si modo ideo vilius fundum vendidisti, ut hæc tibi conductio præstaretur, nam hoc ipsum pretium fundi videretur quod eo pacto venditus fuerat, eoque jure utimur. *L. fundi* 79. *ff. de cont. empt.*

Si tibi fundum vendidero ut cum conductum certâ summâ haberem, ex vendito eo nomine nihil actio est quasi in partem pretii ea res sit. *L. si servus* 21. *§. si tibi* 4. *ff. de act. empt. & vend.*

IV.

On peut aussi stipuler que l'acquereur ne pourra vendre à d'autres qu'au vendeur. (d) Une pareille clause se stipule quelquefois dans les contrats de vente, lorsqu'un vendeur possedant l'héritage voisin de celui qu'il vend, craint d'avoir un voisin qui pourroit lui déplaire ; mais soit que la clause ait été stipulée par ce motif, soit que le vendeur ait eu d'autres raisons, l'acquereur doit exécuter la loi qu'il s'est imposée par le contrat de vente. Il faut cependant observer que lorsqu'un vendeur stipule que l'acquereur ne pourra vendre à d'autres qu'à vendeur, cette clause n'interdit pas absolument à l'acquereur la faculté de vendre à un tiers, elle ne doit s'entendre que d'une préférence que le vendeur aura sur tout autre ; il ne peut exciper de la clause que dans le cas où il offriroit à l'acquereur une somme plus forte ou du moins égale à celle qui seroit offerte à cet acquereur ; si le vendeur ne vouloit pas reprendre l'héritage, ou s'il en offroit une somme moindre que celle que l'acquereur trouveroit, il ne pourroit pas empêcher l'acquereur de vendre l'héritage. Le vendeur ne pourroit pas non plus exciper de la clause, si offrant de payer une somme égale à celle que le vendeur trouveroit, il n'offroit de payer la somme *in instanti* ; quand même le nouvel acquereur qui se présenteroit n'offriroit de payer qu'en différentes fois, le premier acquereur peut refuser d'accorder au vendeur des délais qu'il

accorderoit

accorderoit à un autre, parce qu'il trouveroit ce tiers plus solvable, ou même par quelque autre motif.

Il faut aussi remarquer que la clause par laquelle le vendeur a stipulé que l'acquereur ne pourroit pas vendre à un tiers, n'empêche pas l'acquereur de donner, ou de louer ; je ne pense pas même qu'elle empêche l'acquereur de donner à rente, quoique le bail à rente soit une espece de vente.

(d) Vide la Loi *Qui fundum* 75. *ff. de cont. empt.* citée sur l'article précedent.

Sed etsi ita fundum tibi vendidero ut nulli alii eum quam mihi venderes, actio eo nomine ex vendito est si alii vendideris. L. *si sterilis* 21. §. *sed & si* 5. *ff. de act. empt. & vend.*

V.

Un acquereur peut stipuler dans un contrat de vente que le vendeur sera tenu dans un certain tems d'acquitter les créances auxquelles l'héritage vendu pourroit être hypotequé, & que faute par le vendeur d'acquitter ces créances dans le tems prefini, la vente sera annullée. (e)

(e) Cum ab eo qui fundum alii obligatum habebat, quidam sic emptum rogasset ut esset is sibi emptus, si eum liberasset, dummodo ante Kalendas Julias liberaret, quæsitum est an utiliter agere possit ex empto in hoc ut venditor eum liberaret, respondit videamus quid inter ementem & vendentem actum sit ; nam si id actum est ut omni modo intra Kalendas Julias venditor fundum liberaret, ex empto erit pactio ut liberet, nec sub conditione emptio facta intelligetur, veluti si hoc modo emptor interrogaverit, erit mihi fundus emptus, ita ut eum intra Kalendas Julias liberes, vel ita ut cum intra Kalendas Julias à Titio redimas, si vero sub conditione facta emptio est, non poterit agi ut conditio impleatur. L. *cum ab eo* 41. *in ppio. ff. de contrahend. empt.*

VI.

Les conditions apposées au commencement d'un contrat de vente peuvent être changées par une clause postérieure du même contrat. (f)

(f) Conditio quæ initio contractus dicta est, postea alia pactione immutari potest. L. *sed* 6. §. *conditio* 2. *ff. de cont. empt.*

VII.

On peut stipuler que l'acquereur sera tenu de payer dans un certain tems le prix de son acquisition, & que faute par l'acquereur de payer dans le tems marqué, la vente sera nulle (g) ; cependant si l'acquereur n'avoit promis de payer le prix dans dans un tems limité qu'à condition que le vendeur donneroit une caution de rendre le prix en cas d'éviction, ou si le vendeur s'étoit obligé de faire quelque chose avant que l'acquereur fût tenu de payer le prix, par exemple s'il s'étoit obligé de fournir des titres, le contrat de vente ne pourroit être déclaré nul que dans le cas où le vendeur auroit satisfait de sa part à l'obligation qu'il se feroit imposée par le contrat de vente (h) ; si le vendeur n'ayant pas satisfait à cette obligation dans le tems prefini y avoit satisfait dans la suite, il ne pourroit pas faire déclarer le contrat de vente nul faute par l'acquereur d'avoir payé le prix de son acquisition dans le tems marqué dans le contrat de vente, parce que l'acquereur pourroit prétendre qu'il n'est en retard que parce que le vendeur n'auroit pas lui-même satisfait à son obligation dans le tems fixé dans le contrat de vente, mais le vendeur seroit dans ce cas en droit de demander que l'acquereur fût tenu de payer le prix de son acquisition dans un nouveau délay qui seroit fixé par le Juge, & que faute par l'acquereur de payer dans ce nouveau délai, le contrat de vente fut déclaré nul.

(g) Seius à Lucio Titio emit fundum lege

dictâ, ut si ad diem pecuniam non solvisset res inempta fieret, Scius parte pretii præsenti die solutâ defuncto venditore, filiis ejus pupillaris ætatis & ipse tutor cum aliis datus, neque contutoribus pretium secundum legem numeravit, nec rationibus tutelæ retulit, quæsitum est an irrita emptio facta esset, respondit secundum ea quæ proponerentur inemptum videri. *L. Scius 10. in ppio. ff. de rescind. vend.*

(g) Emptor prædiorum cum suspicaretur numeriam & semproniam controversiam moturas, pactus est cum venditore, ut ex pretio aliqua summa apud se maneret donec emptori fidejussor daretur à venditore, postea venditor eam legem inseruit, ut si ex die pecunia omnis soluta non esset, & venditor ea prædia vendidisse nollet invendita essent, interea de adversariis alteram venditor superavit, cum alterâ transegit : ita ut sine ullâ quæstione emptor prædia possideret. Quæsitum est cum neque fidejussor datus est, nec omnis pecunia secundum legem suis diebus soluta sit, an prædia invendita sint. Respondit si convenisset ut non prius pecunia solveretur quam fidejussor venditi causâ daretur, nec id factum esset, cum per emptorem non staret quòminus fieret non posse, posteriorem legis partem exerceri. *L. Scius 10. §. emptor 1. ff. de resc. vend.*

VIII.

L'acquereur peut aussi stipuler qu'il sera le maitre d'annuller la vente en rendant l'effet vendu, mais il faut pour la validité de cette clause qu'on marque un tems dans lequel l'acquereur pourra user de cette faculté. (i)

(i) Si convenit ut res quæ venit, si intra certum tempus displicuisset, redderetur, ex empto actio est, ut Sabinus putat, aut proxima empti in factum datur. *L. si convenit 6. ff. de resc. vend.*

DES ARRHES.

IX.

Lorsque l'acquereur a donné des arrhes, & que la vente est résolue du commun consentement des deux parties, elles doivent lui être rendues. (k)

(k) Is qui vina emit, arrhæ nomine certam summam dedit postea, convenerat ut emptio irrita fieret, Julianus ex empto agi posse ait ut arrhæ restituantur. *L. ex empto 11. §. si qui 6. ff. de act. empt. & vend.*

X.

Si le contrat de vente a son exécution, ce qui a été donné pour arrhes doit être deduit sur le prix de la vente, & si l'acquereur avoit payé la totalité de son prix, sans faire la déduction, il seroit en droit de repeter contre le vendeur ce qu'il auroit donné pour arrhes. (l)

(l) Ego illud quæro si annulus datus sit arrhæ nomine, & secutâ emptione pretioque numerato, & traditâ re annulus non redditur, quâ actione agendum est, utrum condicatur quasi ob causam datus sit, & causa finita sit, an vero ex empto agendum sit, & Julianus diceret ex empto agi posse; certe etiam condici poterit, quia jam sine causâ apud venditorem est annulus *L. ex empto 11. §. si quis 6. ff. de act. emp. & vend.*

SECTION VI.

Des changemens de la chose vendue, & comment la perte ou le gain en sont pour le vendeur ou pour l'acquereur.

SOMMAIRES.

1. *Si l'effet vendu & livré est volé, la perte tombe sur l'acquereur.*
2. *Si on vend un certain nombre de bouteilles de vin à prendre dans un tonneau, & que le vin de ce tonneau se perde, sur qui tombera la perte.*

I.

LA perte de l'effet vendu & livré est à la charge de l'acquereur. (a)

(a) Materia empta si furto perisset postquam tradita esset, emptoris esse periculo respondit, si minus venditoris. *L. quod*

§ 14. s. *materia* 1. *ff. de peric. & cons. rei vend.*

II.

Lorsqu'un Marchand de vin ou autre vend un certain nombre de bouteilles de vin à prendre dans un tonneau, & que la totalité ou partie de ce vin se perd par quelque accident avant que le nombre de bouteilles ait été rempli, la perte tombe sur le vendeur. (*b*)

(*b*) *Si ex doleario pars vini venierit, veluti metretæ centum, verissimum est quod & constare videtur antequam admetiatur omne periculum ad venditorem pertinere. L. quod sæpe* 35. §. *sed & si* 7. *ff. de cont. empt.*

SECTION VII.

Des ventes nulles.

SOMMAIRES.

1. *Un aveugle peut-il acheter ?*
2. *L'erreur dans le nom de la chose vendue ne rend pas la vente nulle.*
3. *La vente d'une maison ou de bois de haute futaye est-elle valable pour le fonds lorsque la maison ou les bois étoient brulés lors du contrat de vente.*
4. *La vente sous condition d'un effet qui avoit été vendu purement est-elle valable ?*

I.

LA question de sçavoir si un aveugle peut acheter, peut faire quelque difficulté : Il y a des Loix qui décident qu'il ne le peut pas (*c*) : la raison sur laquelle ces Loix sont fondées est qu'un aveugle ne peut pas donner son consentement, ne pouvant voir ce qu'on lui vend ; mais il paroît que ces Loix sont trop générales, & que la question doit se décider par les différentes circonstances.

(*a*) *Alioquin quid dicemus, si cæcus emptor sit, vel si materia erratur : vel in minus pretio discernendarum materiarum? In corpus vos convenisse dicemus? Et quemadmodum consenserit qui non vidit. L. alioquin* 11. *in prin. ff. de contra. empt.*

II.

L'erreur dans le nom de l'effet vendu n'annulle pas la vente quand il est certain que les deux parties ont eu pour objet le même effet. (*b*)

(*b*) *Si in nomine dissentiamus verum de corpore constet, nulla dubitatio est quin valeat emptio & venditio. Nihil enim facit error nominis cum de corpore constat. L. in quadratenibus* 9. §. *si in.* 1°. *ff. de cont. empt.*

III.

Si par le contrat de vente on a vendu une maison qui estoit brulée lors de la vente, ou un bois, dont les arbres ayent été brulés ou renversés par le vent avant le contrat de vente, la vente sera-t-elle valable! Il faut distinguer si la totalité de la maison étoit brulée lors de la vente, ou s'il n'y en avoit qu'une partie. Si la totalité de la maison étoit brulée la vente est nulle, quoi que le terrein sur lequel la maison étoit bâtie subsiste ; s'il n'y a qu'une partie des bâtimens de brulés, il faut encore distinguer ou la plus grande partie de la maison a été brulée, ou il n'y en a que la moindre portion. Si la plus grande partie a été brulée, la vente sera nulle ; s'il n'y en a que la moindre partie, la vente subsistera, & l'acquéreur sera tenu de payer le prix sur lequel on déduira néanmoins ce qui pourroit lui être dû pour son indemnité relativement à la portion qui aura été brulée. (*c*) Il en est de même de la vente des bois. (*d*)

(*c*) *Domum emi cum esset de ergo & ve...*

ditor combustam ignoraremus , Nerva , Sabinus , Caſſius , nihil veniſſe quamvis area maneat , pecuniamque ſolutam condici poſſe aiunt. Sed ſi pars domûs maneret, Neratius ait hanc quæſtionem multum intereſſe , quanta pars domûs incendio conſumpta remaneat, ut ſi quidem amplior domûs pars exuſta eſt , non compellatur emptor perficere emptionem , ſed etiam quod forte ſolutum ab eo eſt repetet. Sui vero vel dimidia pars vel minor quam dimidia exuſta fuerit, tunc coactandus eſt emptor venditionem adimplere æſtimatione viri boni arbitratu habitâ , ut quod ex pretio propter incendium decreſcere fuerit, inventum ab hujus præſtatione liberetur. *L. domum* 51. *in ppio. ff. de contrahendâ emp.*

[d] Arboribus quoque vento dejectis vel abſumptis igne , dictum eſt emptionem fundi non videri eſſe contractam, ſi contemplatione illarum arborum veluti oliveti fundus comparabatur *L. arbribus* 58. *ff. de cont. empt.*

IV.

Lorſque le propriétaire d'un héritage me l'a vendu par un contrat pur & ſimple ſans condition , la vente qu'il peut m'en faire dans la ſuite ſous condition, eſt une vente nulle. (e)

(e) Si id quod purè emi ſub conditione ruſus emam nihil agitur poſteriore emptione. *L. ſi id* 7, *in ppio. ff. de reſc. vend.*

Loix Civiles 1. part. livre 1. titre 2. ſect. 10.

SECTION VIII.

De l'éviction & des autres troubles.

SOMMAIRES.

1. *Quelles ſont les choſes pour leſquelles le vendeur eſt obligé de garantir l'acquereur ?*
2. *Contre qui la demande en garantie doit-elle être formée ?*
3. *Celui qui repréſente l'acquereur , eſt en droit d'exercer l'action en garantie contre le vendeur , comme l'acquereur auroit pû l'exercer.*
4. *Si l'acquereur évincé avoit connoiſ-sance lors de la vente que ſon vendeur n'étoit pas propriétaire , peut-il demander des dommages & intérêts ?*
5. *Peut-on ſtipuler qu'en cas d'éviction l'acquereur ne pourra demander la reſtitution que d'une portion du prix.*
6. *Celui qui a vendu ne pourroit évincer l'acquereur , s'il avoit vendu l'héritage d'un tiers dont il ſeroit héritier.*
7. *Si depuis l'adition d'hærédité ce vendeur vend à un tiers , le premier acquereur ne pourra être évincé par le ſecond.*
8. *Garantie en cas de vente d'une dette.*

I.

ON diſtingue deux eſpeces de garantie, la garentie de droit & la garantie conventionelle. La garantie de droit eſt celle qui a lieu ſans convention ; la garantie conventionelle eſt celle qui ne peut avoir lieu s'il n'y en a une ſtipulation expreſſe dans le contrat de vente. Il y a en effet des cas où un vendeur eſt obligé de garantir ſon acquereur quoiqu'il ne s'y ſoit point obligé expreſſément par le contrat , d'autres où le vendeur ne peut être obligé à la garantie qu'en vertu d'une claule expreſſe. Ainſi tout vendeur d'un héritage s'oblige par ſa ſeule qualité de vendeur à garantie ſon acquereur contre toute perſonne qui prétendroit la propriété ou l'uſufruit de l'héritage vendu (a) , mais un vendeur n'eſt pas obligé de faire jouir ſon acquereur d'un droit de ſervitude , à moins qu'il ne s'y ſoit obligé expreſſément par le contrat de vente (b). Si le vendeur s'eſt obligé de faire jouir l'acquereur d'un droit de ſervitude , l'acquereur ſera en droit de demander que conformément à cette clauſe le vendeur ſoit tenu de l'en faire jouir. (c)

(a)

(a) In vendendo fundo quædam etiam si non dicantur, præstanda sunt veluti ne fundus evincatur, aut ususfructus ejus. *L. in vendendo 66. in ppio. ff. de cont. emp.*

Si ab emptore ususfructus petatur, proinde is venditori denuntiare debet, atque is à quo pars petitur. *L. si ab emptore 49. ff. de evict.*

(b) Quædam ita demum si dicta sint veluti viam, iter, actum, & aquæductum, præstatum iri idem & in servitutibus urbanorum prædiorum. *L. in vendendo 66. in ppio. ff. de cent. empt.*

(c) Si per alienum fundum mihi viam constitueris, evictionis nomine te obligari ait, etenim qua casu si per propriam constituentis fundum concessa esset, via recte constituetur: eo casu si per alienum concederetur evictionis obligationem contrahit. *L. fundum 46. §. si per alienum. 1. ff. de evictionibus.*

I I.

Naturellement la demande en garantie en cas d'éviction, ne doit être formée que contre celui qui a vendu : (d) on doit regarder comme vendeur non seulement celui qui a déclaré par le contrat qu'il vendoit, mais encore le propriétaire qui a ratifié la vente faite par un tiers, ou consenti à cette vente dans le contrat sans se déclarer propriétaire. [e]

(d) Sive tota res, incatur, sive pars habet regressum emptor in venditorem. *L. sive 1. ff. de evict.*

(e) Quidam ex parte dimidia hæres institutus universa prædia vendidit, & cohæredes pretium acceperunt, quæro an cohæredes præsentes adfuerunt, nec dissenserunt, videri unumquemque partem suam vendidisse. *L. quidam 12. ff. de evict.*

I I I.

La demande en garantie, peut être formée tant par l'acquereur que par ses représentans, soit à titre universel, soit à titre particulier ; ainsi l'héritier de l'acquereur, ou son donataire, aura le même droit que lui ; un second acquereur auroit aussi le même droit, comme exerçant les droits du premier acquereur. (f) Cette demande doit aussi avoir lieu tant contre le vendeur que contre ses héritiers ou légataires universels. (g)

(f) Exceptio rei venditæ & traditæ non tantum ei cui res tradita est, sed & successoribus etiam ejus, & emptori secundo & si res ei non fuerit tradita proderit, interest enim emptoris primi secundo rem non evinci. *L. exceptio 3. in ppio. ff. de except. rei vend.*

(g) Pari ratione venditoris etiam successoribus nocebit, sive in universum jus, sive in eam duntaxat rem successerint. *L. exceptio 3. §. pari 1°. ff. de except. rei vend.*

Cette Loi ne parle que de l'exception que le vendeur a dans le cas où l'héritage a été vendu par une personne qui n'étoit pas propriétaire, mais qui est devenu dans la suite héritier de celui qui a vendu, mais elle doit s'appliquer à la demande en garantie qui appartient à l'acquereur evincé.

I V.

Celui qui est evincé, peut aussi demander outre la restitution du prix des dommages & intérêts qui doivent s'estimer relativement à la perte réelle que l'acquereur souffre de l'éviction. Cependant si l'acquereur étoit de mauvaise foi, s'il sçavoit que la vente qui lui étoit faite étoit d'un effet qui appartenoit à un tiers, il ne pourroit demander que la restitution du prix sans aucuns dommages & intérêts. (h)

(h) Emptor autem sciens rei gravamen adversus venditorem, actionem habeat tantum ad restitutionem prædii, neque duplæ stipulationis, neque melioratione locum habente. *L. si duobus 3. §. emptor. 1. cod. communia de legatis.*

V.

On peut stipuler qu'en cas d'éviction l'acquereur ne pourra repeter

D

qu'une partie du prix : cette clause n'a rien contre les bonnes mœurs. (t) Cependant si on voyoit que cette clause n'eût été stipulée que par le dol du vendeur, qui sçavoit que l'acquereur seroit evincé, la clause seroit déclarée nulle.

(t) Si plus vel minus quam pretii nomine datum est, evictione secutâ dari convenit placitum custodiendum est.

VI.

Nous avons adopté ce brocard de Droit *quem de evictione tenet actio, eumdem agentem repellit exceptio* ; d'où il suit que tous ceux qui sont obligés de garantir l'acquereur, ne peuvent pas l'évincer, quand même sa demande en éviction seroit formée dans une qualité qui ne seroit pas celle en vertu de laquelle la garantie seroit dûe : ainsi si je suis héritier d'une personne qui a vendu un héritage qui m'appartient, ma qualité de propriétaire semble me donner le droit d'évincer l'acquereur, mais ma qualité d'héritier du vendeur forme un obstacle à ma demande, parce qu'elle m'oblige à la garantie. (l) De même si j'ai vendu un héritage qui appartenoit à un tiers, & que postérieurement à la vente je devienne héritier de ce tiers, ma qualité d'héritier me donnera le droit d'évincer l'acquereur, mais ma qualité de vendeur m'obligeant à la garantie, operera une fin de non-recevoir contre ma demande. (m)

(l) Seia fundos Mævianum & Seianum & cæteros doti dedit. Eos fundos vir Titius vivâ Seiâ sine controversiâ possedit. Post mortem deinde Seiæ Sempronia hæres Seiæ quæstionem pro prædii proprietate facere instituit ; quæro cum Sempronia ipsa sit hæres Seiæ, an jure controversiam facere possit: Paulus respondit jure quidem proprio, non hæreditario, Semproniam quæ Seiæ de quâ quæritur, hæres exstitit controversiam fundorum facere posse, sed evictis prædiis eamdem Semproniam hæredem

Seiæ conveniri posse, exceptione doli mali summoveri posse. *L. Seia 73. ff. de exceptionibus.*

(m) Si à Titio fundum emeris Sempronii, & tibi traditus sit pretio soluto, deinde Titius Sempronio hæres exstiterit, & eumdem alii vendiderit & tradiderit, æquius est ut tu potior sis. Nam si & ipse venditor eam rem à te peteret, exceptione eum summoveres, sed & si ipse possideret, & tu peteres adversus exceptionem dominii replicatione utereris. *L. si à Titio 72. ff. de rei vindic.*

Vindicantem venditorem rem quam ipse vendidit, exceptione doli mali posse summoveri, nemini dubium est, quamvis alio jure dominium quæsierit. Improbe enim rem à se distractam evincere conatur. Eligere autem emptor utrum rem velit retinere intentione per exceptionem elisâ, an potius re ablatâ ex causâ stipulationis duplum consequi. Sed & si exceptio omissa sit, aut opposita, ea nihilominus evictus sit ex duplæ quoque stipulatione, vel ex empto potest convenit. *L. vindicantem, & l. sed & si §. 17. & 18. ff. de evict.*

Si quis alienam rem vendiderit, & medio tempore hæres domino rei exstiterit, cogitur implere venditionem. *L. si quis 46. ff. de act. empti & vend.*

Vide legem si à Titio 2. ff. de excep. rei vend. & trad. & l. apud Celsum 4. §. si à Titio 32. ff. de doli mali.

VII.

Comme le vendeur ne pourroit pas evincer l'acquereur, il ne peut pas vendre à un tiers ; s'il le fait, le premier acquereur ne pourra pas être evincé par le second acquereur, qui ne peut pas avoir plus de droit que n'en auroit eu son vendeur. (n)

(n) *Vide* la Loi *si à Titio* 72. ff. de rei vindicatione, & la Loi *si à Titio* 2. ff. de except. rei vend. citées sur l'article précédent.

VIII.

Celui qui cede une créance, doit garantir que la totalité de la somme qu'il cede est due, s'il a exprimé dans l'acte de cession qu'il lui étoit dû une certaine somme ; ainsi si la créance se trouve réduite à une moindre somme par le moyen du payement fait par le debiteur ou autrement, si la créance n'a jamais été que d'une somme inférieure à celle portée dans le contrat de cession, le cedant sera tenu de garantir le cessionnaire pour l'excedent: cette garantie consistera dans la restitution du prix à proportion de la somme qui aura été cedée. Si le cedant n'a cedé qu'une somme incertaine, il n'est obligé à aucune garantie ni restitution du prix. (e)

(e) Si certæ summæ debitor dictus sit, in eam summam tenetur venditor. Si incertæ nihil debeat, quanti interiit emptoris. L. & quidem 5. ff. de hæred. vel act. vend.

Nominis venditor quid uid vel compensatione vel ex actione fuerit consecutus, integrum emptori restituere compellatur. L. venditor 23. §. nominis 1. ff. de hæred. vel alt. vend.

Loix Civiles
T. part. livre
1. titre 2. sect.
11.

SECTION IX.

De la redhibition & diminution du prix.

SOMMAIRES.

1. *Peut-on stipuler que le vendeur ne sera pas garant des deffauts de la chose vendue?*
2. *La redhibition a t-elle lieu dans le cas de vente de biens de mineurs?*

I.

ON peut stipuler dans un contrat de vente que le vendeur ne sera pas garant des défauts de la chose vendue. (a)

(a) Pacisci contra ædictum Ædilium omni modo licet, sive in ipso negotio venditionis gerendo convenisset sive postea. L. pacisci 31. ff. de pactis.

II.

La faveur des mineurs n'empêche pas que la vente soit résolue pour les défauts de la chose vendue. (b)

(b) In pupillaribus quoque venditionibus erit edicto locus L. Libeo 1. §. in pupillaribus 5. ff. de æd. edic.

<hr>

CHAPITRE III.

DU LOUAGE ET DES DIVERSES ESPECES DE BAUX.

<hr>

SECTION PREMIERE.

De la nature du louage.

SOMMAIRES.

1. *Il faut pour la validité du louage qu'on soit convenu de prix.*
2. *Quid. Si on s'en est rapporté à un tiers pour regler le prix.*
3. *Le louage peut se faire sous conditions.*
4. *Le louage donne aux parties contractantes une action l'une contre l'autre.*

I.

IL est nécessaire pour la validité des baux à ferme ou autres, que les parties conviennent du prix. (a)

Loix Civiles
T. part. livre
1. titre 2. sect.
11.

(a) Ut emptio & venditio ita contrahitur, si de pretio convenerit, sic & locatio & conductio ita contrahi intelligitur, si merces constituta sit. Inst. in ppio. de locat. & cond.

II.

Comme dans le contrat de vente on peut convenir que le prix sera fixé par un tiers, cette stipulation doit aussi être exécutée si elle se trouve dans un bail. (b)

(b) Et quæ supra diximus, si alieno arbitrio pretium promissum fuerit, eadem & de locatione, & de conductione dicta esse intelligimus, si alieno arbitrio merces promissa fuerit. *Inst. in ppio. de locat. & cond.*

III.

Les baux peuvent se faire sous condition. (c)

(c) Sicut emptio ita & locatio sub conditione fieri potest. L. *sicut.* 20. *in ppio. ff. loc. cond.*

IV.

Les baux donnent à chacune des parties contractantes une action contre l'autre. (d)

(d) Competit locatori quidem locati actio, conductori vero conducti. *Inst. in ppio. de locat. cond.*

SECTION II.

Loix Civiles
2. part, livre
1. titre 4. sect.
5.

Des engagemens de celui qui baille à louage.

SOMMAIRES.

1. *Si quelque force majeure empêche le preneur de jouir de ce qui lui a été affermé, il ne doit pas payer le prix de son bail.*
2. *Quel est l'effet de la clause que le preneur ne sera pas garant de la force majeure?*
3. *Si on a stipulé que le bailleur ne pourroit rien demander au preneur, le preneur peut-il demander quelqu'indemnité au bailleur?*
4. *Si le preneur a payé d'avance le prix de son bail, est-il en droit de le répéter s'il survient quelqu'accident qui l'empêche de jouir?*
5. *Le locataire peut-il emporter les portes & autres choses qu'il a fait faire?*

I.

Lorsque par quelque force majeure le locataire ou le fermier n'a pas joui des maisons ou héritages compris dans le bail, le propriétaire ne doit pas exiger la redevance stipulée par le bail: ainsi si la maison louée a été brûlée, le locataire ne sera pas tenu de payer les loyers.

(a) Cum quidam incendium fundi allegaret, & remissionem desideraret ita, rescriptum est, si prædium colendi propter casum incendii reperiri non immerito, subveniendum tibi est. L. *ex conducto* 15. §. *cum quidam* 3. *ff. locati cond.*

II.

Si on a stipulé dans un bail que le locataire ou fermier ne seroit pas tenu de la force majeure, & que la maison ait été brulée par le fait d'un des domestiques du locataire ou fermier, le locataire ou fermier seroit garant de cet événement envers le propriétaire, nonobstant la clause insérée dans le bail. Les contractans sont présumés n'avoir eu en vue que la force majeure arrivée par le fait d'un tiers dont le fermier ou locataire n'est pas responsable.

(b) Colonus villam hâc lege acceperat ut incorruptam redderet præter vim & vetustatem. Coloni servus villam incendit, non fortuito casu, non videri eam vim exceptam respondit, nec id pactum esse ut si aliquis domesticus eam incendisset, ne præstaret, sed extrariam vim utroque excipere voluisse. L. *qui insulam* 30. §. *colonus* 4. *ff. locati conducti.*

III.

On stipule quelquefois dans un bail

bail ou dans un acte poſterieur que le propriétaire ne poura rien demander au locataire pour la jouiſſance d'une ou pluſieurs années : cette ſtipulation n'eſt qu'en faveur du locataire ou fermier, & ne diſpenſe pas le propriétaire des engagemens que tout propriétaire contracte en paſſant un bail. (c)

(c) Si convenerit ne Dominus à colono quid peteret, & juſta cauſa conventionis fuerit, nihilominus colonus à Domino petere poteſt. L. ſi convenerit 56. ff. de pactis.

IV.

Quand un locataire paye d'avance la redevance ſtipulée par le bail, & que la maiſon tombe en ruine avant l'expiration du bail, le propriétaire doit rendre au locataire une partie de la redevance qui lui a été payée. La ſomme que le propriétaire doit reſtituer s'eſtime relativement au tems que le locataire n'a pû jouir ; ainſi ſi le bail eſt d'une année, & que le locataire n'aie pû jouir que ſix mois, le propriétaire ſera tenu de rendre moitié de la redevance. (d)

(d) Si quis cùm in annum habitationem conduxiſſet, penſionem totius anni dederit, deinde inſula poſt ſex menſes ruerit, vel incendio conſumpta ſit, penſionem reſidui temporis rectiſſimè Mela ſcripſit ex conducto actione repetiturum,

non quaſi indebitum condictorum, non enim per errorem dedit plus, ſed ut ſibi in cauſam conductionis proficeret, aliter atque ſi quis cum decem conduxiſſet, quindecim ſolverit, hic enim ſi per errorem ſolvit dùm putat ſe quindecim conduxiſſe, actionem ex conducto non habebit, ſed ſolùm condictionem ; nam inter eum qui per errorem ſolvit, & eum qui penſionem integram prorogavit, multum intereſt. L. ſed addes 19. §. ſi quis 6. ff. locati conducti.

V.

Le propriétaire ne peut après l'expiration du bail demander autre choſe, ſi ce n'eſt que le locataire ou fermier paye ce qui peut être dû de la redevance ſtipulée par le bail, & laiſſe la maiſon ou autre héritage donné à loyer ou à ferme dans le même état qu'ils étoient lorſqu'il eſt entré en jouiſſance. Si pendant le cours du bail le locataire ou fermier avoient fait quelqu'augmentation, ils ſeroient en droit d'emporter ce qu'ils auroient fait faire pour leur commodité, pourvû néanmoins que cela ne fît aucun préjudice à la maiſon. (e)

(e) Si inquilinus oſtium vel quædam alia ædificia adjiceret, quæ actio locato habeat ? & eſt verius quod Labeo ſcripſit competere ex conducto actionem ut ei tollere liceat, ſic tamen ut domini infecti caveat, ne in aliquo dum aufert, deteriorem cauſam ædium faciat, ſed ut priſtinam faciem ædibus reddat. L. ſed addes 19. §. ſi inquilinus 4. ff. locati conducti.

CHAPITRE IV.

DU DEPOST ET DU SEQUESTRE.

SECTION PREMIERE.

Des engagemens du dépositaire ou de ses héritiers.

SOMMAIRES.

1. *Le dépositaire ne doit rien exiger pour la restitution du dépôt.*
2. *Celui qui a prêté à un tiers l'effet qui lui avoit été donné en dépôt, n'en est pas moins obligé de rendre le dépôt.*
3. *Celui qui a fait le dépôt a-t-il une action contre celui auquel le prêt a été fait ?*

I.

LE dépôt est purement gratuit; ainsi si le dépositaire vouloit exiger quelque somme autre que celle qu'il auroit été obligé de dépenser pour la garde du dépôt, sa prétention seroit condamnée comme contraire à la nature du dépôt. (a)

(a) Potes agere depositi cum eo qui tibi non aliter quam nummis à te acceptis depositum reddere voluerit, quamvis sine morâ & incorruptum reddiderit. *L. potes* 34. *ff. depositi.*

II.

Le dépositaire doit garder fidélement le dépôt qui lui a été confié; il ne peut pas employer à son usage l'effet déposé, ni le prêter à un tiers : on n'écouteroit pas un dépositaire qui prétendroit pouvoir se dispenser de la restitution du dépôt, sous prétexte qu'il auroit prêté à un tiers l'effet déposé. (b)

(b) Desiderium tuum cum rationibus juris non congruit, nam si custodiam pecuniæ suscepisti quam aliis à te mutuò datam conscriptum instrumentum quo hanc sibi reddi profiteris arguit, solutionem ejus competentem improbe recusas. *L. desiderium* 7. *cod. depositi.*

Si is qui depositam à te pecuniam accepit cum suo nomine, vel cujuslibet alterius mutuo dedit tam ipsum de implendâ suscepiâ fide quam ejus successores teneri tibi certissimum est. *L. si is qui* 8. *cod. depositi.*

III.

Celui qui a fait le dépôt sera-t-il en droit de demander la chose déposée à celui auquel le prêt a été fait ? Il faut distinguer dans ce cas si l'effet déposé existe en nature, de façon qu'il soit facile de le reconnoître, ou si cet effet ne peut pas se reconnoître facilement ; ainsi si j'ai donné en dépôt une montre, une tabatiere, un carosse, des tableaux, comme ce sont-là des effets qu'il est facile de reconnoître, celui qui a fait le dépôt, pourra agir contre le tiers auquel le dépositaire les a prêtés ; mais si l'effet est de nature qu'on ne puisse pas le reconnoître, celui qui a fait le dépôt ne pourra agir contre le dépositaire. (c)

(c) Adversus eum autem qui accepit, nulla actio tibi competit, nisi nummi extent;

tunc enim contra possidentem uti rei vindicatione potes. *L. si is qui 8. cod. depositi.*

SECTION II.

Du dépôt nécessaire.

SOMMAIRE.

1. *Qu'entend-l'on par dépôt nécessaire?*

I.

Tout dépôt fait dans un tems d'incendie, tumulte ou autre cas semblable, n'est pas un dépôt nécessaire; on n'appelle dépôt nécessaire que celui qui n'a eu d'autre cause que le tumulte, l'incendie ou autre événement semblable. Si dans un tems d'incendie ou de tumulte je donne en dépôt un effet que j'aurois donné de même si le cas de l'incendie ou du tumulte n'étoit pas arrivé, ce sera dans ce cas un simple dépôt : (a) c'est à celui qui prétend que le dépôt fait dans un tems de tumulte, incendie ou autre événement semblable, n'est pas un dépôt nécessaire, à prouver que le dépôt a eu une autre cause que l'incendie ou le tumulte.

(a) Eum deponere tumultus vel incendii vel cæterarum causarum gratiâ intelligendum est, qui nullam aliam causam deponendi habet. *L. depositum 1. 5. cum tamen 3. ff. depositi.*

CHAPITRE V.

DE LA SOCIETÉ.

SECTION PREMIERE.

De la nature de la société.

SOMMAIRE.

1. *La société ne peut se contracter que pour un tems.*

I.

Une société ne peut se contracter que pour un tems : il seroit ridicule de contracter une société pour durer éternellement. (a)

(a) Nulla societatis in æternum coitio est. *L. nulla 70. ff. pro socio.*

SECTION II.

Des engagemens des associés.

SOMMAIRE.

1. *De la négligence des associés.*

I.

Lorsque par la négligence de l'un des associés la société a souffert quelque préjudice, il est juste que celui par la faute duquel le dommage est arrivé, soit tenu de le réparer ; mais s'il se trouve que chacun des associés ait causé un pareil dommage, il se fait alors une compensation, ensorte que l'un ne peut rien demander à l'autre pour raison de ce dommage ; il en seroit de même si l'un des associés avoit pris dans la caisse une certaine somme, & que l'autre associé eût par ſa faute & par ſa négligence cauſé à la ſocieté une perte d'une ſomme égale à celle que cet aſſocié auroit priſe dans ſa caiſſe ; il ſe feroit dans ce cas une compenſation. (a)

(a) Si ambo ſocii parem negligentiam ſocietati adhibuimus, dicendum eſt deſinere nos invicem eſſe obligatos, ipſo jure compenſatione negligentiæ factâ. Simili modo probatur ſi alter ex re communi aliquid perceperit, alter tantam negligentiam exhibuerit quæ eadem quantitate æſtimatur compenſationem factam videri , & ipſo jure invicem liberationem. *L. ſi ambo* 10. *in ppio. ff. de compenſat.*

Cette Loi doit s'entendre du cas où les aſſociés partagent également entr'eux le profit de la ſocieté ; ſi le profit ſe partage inégalement , que l'un par exemple ait les deux tiers du profit , & l'autre le tiers , il ne ſe ſera pas de conpenſation, mais chacun d'eux rapportera à la maſſe la ſomme à laquelle le dommage ſera eſtimé , & celle qu'il aura priſe dans la caiſſe ; ainſi ſi chacune des parties a dans cette hypotheſe cauſé une perte de mille francs , au lieu de faire une compenſation des mille livres dûes par chacune des parties , il faut que chacune d'elles rapporte les mille livres dans la caiſſe de la ſocieté, au moyen de quoi les fonds de la ſocieté ſe trouveront monter à une ſomme de deux mil livres de plus , & l'aſſocié qui aux termes de l'acte de ſocieté doit avoir les deux tiers dans le profit de la ſocieté, aura les deux tiers des deux mille livres , au lieu qu'en faiſant la compenſation telle qu'elle eſt indiquée par la Loi, il n'auroit que moitié de ces deux mil livres. Il en eſt de même du ſecond cas.

SECTION III.

De la diſſolution de la ſocieté.

SOMMAIRES.

1. *La ſocieté ſe diſſout lorſque l'aſſocié*

renonce à ſa perte.

2. *La perte de la miſe d'un des aſſociés opere t-elle la diſſolution de la ſocieté ?*

3. *Partage des effets de la ſocieté.*

4. *Comment ſe fait le partage lorſque l'un des aſſociés doit à la ſocieté.*

I.

SI un aſſocié renonce à demander part dans la ſocieté , elle ſe diſſout relativement à lui. (a)

(a) Si paciſcatur ſocius ne partem ſuam petat , effectu tollitur ſocietas. *L. in hoc.* 4. §. *ſi paciſcatur ultimo , ff. communi dividundo.*

II.

La perte de la miſe d'un aſſocié ne doit pas operer la diſſolution de la ſocieté , parce que la perte ne tombe pas plus ſur lui que ſur les autres aſſociés : la miſe d'un aſſocié devient un effet commun des aſſociés , c'eſt un effet de la ſocieté , enſorte que ſi cette miſe ſe perd , chacun des aſſociés doit en ſupporter la perte : on ne peut pas dire que l'aſſocié dont la miſe eſt perdue, n'ait plus rien dans la ſocieté, puiſqu'il a part dans les miſes des autres aſſociés ; ſi cependant deux perſonnes convenoient de vendre enſemble des effets appartenans à chacun d'eux dans l'eſperance que ces effets réunis ſe vendroient plus cher que ſi on les vendoit ſéparément , & ſtipuloient que le prix qui en proviendroit ſeroit partagé entr'eux à proportion des effets appartenans à chacun d'eux , il ſeroit naturel de dire dans ce cas que l'eſpece de ſocieté contractée entr'eux finiroit par la perte des effets de l'un d'eux , parce que ces effets ne ſont pas devenus communs entre ces deux parties ; ce qui fait que l'un d'eux perdant ſon effet , ne peut rien prétendre

dans

dans le prix qui proviendra de la vente des autres effets. (*b*)

(*b*) Si id quod quis in societatem contulit extinctum sit, videndum an pro socio agere possit, tractatum ita est apud Celsum libro septimo, digestorum ad epistolam Cornelii Felicis : cum tres equos haberes, & ego unum, societatem coimus ut accepto equo meo quadrigam venderes, & ex pretio quartam mihi redderes ; si igitur ante venditionem equus meus mortuus sit, non putare se Celsus ait societatem manere nec ex pretio equorum tuorum partem deberi, non enim habendæ quadrigæ, sed vendendæ coitam societatem, cæterum si id actum dicatur ut quadriga fieret, eoque communicaretur, atque in eâ tres partes haberes, ego quartam non dubiè ad hoc socii sumus. *L. si id* 58. *in ppio. ff. pro socio.*

III.

Après la dissolution de la societé, les effets de la societé se partagent entre les associés ou leurs héritiers, suivant qu'il a été stipule par l'acte de societé.

IV.

Si l'un des associez doit quelque somme à la societé, ce qu'il doit sera déduit sur sa part. Il faut cependant distinguer si les sommes qu'il doit sont payables lors du partage & division qui se fait entre les associés, ou si elles ne sont pas encore exigibles ; si les sommes dûes par l'un des associés sont exigibles au moment du partage, nul doute que l'associé doit prendre ses billets ou obligations pour argent comptant ; mais si ces billets ou obligations sont pour sommes qui ne sont pas encore exigibles, on ne peut pas le forcer de les prendre pour argent comptant. (*c*)

(*c*) Si socii sumus & unus ex die pecuniam debeat & dividatur societas, non debet hoc deducere socius quemadmodum præsens debet. *L. si socii* 28. *ff. pro socio.*

CHAPITRE VI.

DES DOTS.

SECTION PREMIERE.

De la nature des dots.

SOMMAIRES.

1. *La femme doit apporter une dot à son mari.*
2. *L'effet apporté en dot étant estimé, si le mari est évincé, peut-il demander des dommages & intérêts contre sa femme ?*
3. *Si l'effet estimé périt avant le mariage, sur qui en tombe la perte ?*
4. *Sur qui tombe la perte, si l'effet périt pendan le mariage ?*
5. *Peut-on stipuler que si l'effet que la femme apporte en dot, est vendu plus ou moins qu'il n'est estimé par le contrat de mariage, le mari sera tenu de rendre le prix de la vente après la dissolution du mariage.*
6. *Quid juris Si l'effet n'est pas vendu ?*
7. *Si l'effet n'a pas été estimé, qui en doit supporter la perte s'il vient à périr ?*

Loix Civiles 1. part. livre 1. titre 9. sect. 1.

8. *Si l'effet a été estimé, & qu'il ait été stipulé par le contrat de mariage que le mari sera tenu de rendre l'effet ou le prix de l'estimation, à qui appartiendra l'option.*

9. *L'estimation doit se faire dans le contrat de mariage.*

10. *Quid. Si l'estimation a été faite à vil prix?*

11. *Une femme peut apporter en dot ce qui lui est dû par son mari.*

12. *Quid. Si l'effet dû par le mari à la femme, est estimé par le contrat de mariage?*

13. *Les fruits & revenus échus pendant le mariage, font-ils partie de la dot?*

14. *Ceux échus avant le mariage en font-ils partie?*

15. *Peut-on stipuler que les fruits qui échéerout pendant le mariage, feront partie de la dot?*

16. *Si la femme a l'usufruit d'un immeuble, les fruits de cet immeuble appartiendront-ils au mari?*

17. *Conventions contraires aux bonnes mœurs & aux Loix.*

18. *La femme ne peut pas sans le consentement de son, mari aliener le fonds dotal.*

19. *Ce qui a été stipulé dans le contrat de mariage, ne doit avoir lieu que lorsque le mariage a été celebré.*

20. *Quid. Si le mariage étant rompu une premiere fois, avoit été contracté dans la suite.*

I.

LE mari devant supporter toutes les charges du mariage, la femme doit de son côté apporter une dot pour mettre le mari plus en état de les supporter (a)

(a) Ibi dos esse debet ubi onera matrimonii sunt. *L. si in 56. §. ibi 1. ff. de jure dotium.*

II.

Lorsque les effets que la femme apporte en dot sont estimés par le contrat de mariage, l'estimation doit être regardée comme une espece de vente que la femme fait à son mari des biens estimés, ensorte que la dot de la femme consiste dans ce cas dans le prix de l'estimation plutôt que dans les effets estimés : ainsi si l'effet estimé se trouvoit appartenir à un tiers, & que le mari fut evincé, il seroit juste que le mari exerçât sa garantie sur les biens paraphernaux de la femme, mais il ne pourroit prétendre contr'elle d'autres dommages & intérêts que la restitution du prix, il ne seroit pas juste qu'il profitât au préjudice de sa femme ; tout ce qu'il peut demander c'est d'être indemne. (b)

(b) Quoties res æstimata in dotem datur, evictâ eâ virum ex empto contra uxorem agere, & quidquid eo nomine fuerit consecutus dotis actione soluto matrimonio ei præstare oportet : quare & si duplum forte ad virum pervenerit, id quoque ad mulierem redigitur ; quæ sententia habet æquitatem, quia non simplex venditio sit, sed dotis causâ, nec debeat maritus lucrari ex damno mulieris ; sufficit enim maritum indemnem præstari, non etiam lucrum sentire. *L. quoties 16. ff. de jure dotium.*

III.

Si l'effet que la femme apporte par son contrat de mariage, périt avant la célébration du mariage, la perte doit être supportée par la femme, nonobstant l'estimation qui en a été faite ; si l'estimation doit être regardée comme une vente, c'est une vente conditionelle qui ne doit avoir son exécution qu'au cas que la condition arrive, c'est-à-dire, au cas que le mariage soit célébré : or il est certain qu'avant l'événement de la condition, la vente n'étant pas parfaite, la perte de la chose vendue doit être à la charge du vendeur. (c)

(c) Si ante nuptias mancipia æstimata deperierint, an mulieris damnum sit, & hoc consequens est dicere. Nam cum sit conditionalis venditio, pendente autem conditione, mors contingens extinguat venditionem, consequens est dicere mulieri perisse, quia nondum erat impleta venditio. L. plerumque 11. §. inde quæri 5. ff. de jure dotium.

I V.

Mais si l'effet périt pendant le mariage, sur qui tombera la perte, le mari étant devenu propriétaire au moyen de l'estimation qu'on doit regarder comme une vente qui étoit à la vérité sous condition, mais dont la condition est arrivée par la célébration du mariage ? Il semble naturel de dire que la perte doit être à la charge du propriétaire; cependant il faut distinguer si l'effet avoit été livré au mari, ou s'il ne l'avoit pas été : si l'effet avoit été livré au mari, nulle difficulté que la perte tombe entierement sur lui, mais si l'effet n'avoit pas été livré, il faut encore distinguer si c'est par le fait de la femme, ou si c'est par le fait d'un tiers. Si c'est par le fait de la femme, la perte doit retomber sur elle ; (d) si c'est par le fait d'un tiers, la perte tombera sur le mari. (e)

(d) Si rem æstimatam mulier in dotem dederit, deinde ei moram faciente in traditione, in rerum naturâ esse desierit, actionem eam habere non puto. L. si rem 14. ff. de jure dotium.
(e) Quod si per eam non steterit, perinde pretium aufert, ac si vendidisset; quia

quod everit, emptoris periculo est. L. quod si 14. ff. de jure dotium.

V.

Quoique l'estimation soit regardée comme une véritable vente, & que le mari paroisse propriétaire à la charge de payer le prix de l'estimation faite par le contrat de mariage, il peut arriver que le mari soit obligé de payer plus ou moins que cette estimation ; ainsi par exemple s'il a été stipulé par le contrat de mariage que le mari seroit tenu de rendre après la dissolution du mariage la somme à laquelle se trouveroit monter le prix de la vente qu'il en auroit faite pendant le mariage, au cas qu'il eût vendu l'effet plus qu'il n'auroit été estimé par le contrat de mariage, cette clause devroit être exécutée : de même s'il avoit été stipulé qu'au cas que le prix de la vente faite par le mari, fût moindre que le prix de l'estimation faite dans le contrat de mariage, le mari ne seroit tenu de rendre après la dissolution du mariage que le prix de la vente qu'il auroit faite ; cependant si on prouvoit que l'effet eût été vendu au-dessous de l'estimation par sa faute, la femme ne devroit pas souffrir de cette faute, & par conséquent le mari devroit payer le prix de l'estimation. (f)

(f) Si pacta sit mulier sive, pluris sive, minoris fundus æstimatus venierit pretium quanto res venierit in dote sit, mari eo pacto oportet, sed si culpâ mariti minoris venierit, & id ipsum mulierem consequi. L. si puta 11. §. si puta 4. ff. de pactis dotalibus.

V I.

Si le mari n'a pas vendu l'effet estimé, il ne sera obligé de payer que le prix de l'estimation qui n'a été faite que pour le cas où il ne vendroit pas. (g)

(g) Item si non venierit æstimatio, præstari debebit. *L. item* 3. *ff. de pactis dotalibus.*

VII.

Lorsque la femme s'est contenté, de déclarer quels étoient les effets qu'elle apportoit en dot sans les estimer, s'ils viennent à périr, la perte ne sera plus à la charge du mari, elle doit être supportée par la femme. (*h*)

(*h*) Si prædiis inæstimatis aliquid accessit, hoc ad compendium mulieris pertinet, si aliquid decessit, mulieris damnum est. *L. plerumque* 10. §. *si prædiis* 1. *ff. de jure dotium.*

VIII.

Si l'effet a été estimé par le contrat de mariage, & qu'il ait été stipulé que le mari seroit tenu de rendre l'effet ou le prix de l'estimation, le mari aura-t-il l'option de rendre l'effet ou le prix de l'estimation ; cette option n'appartiendra-t'elle pas au contraire à la femme ? Si on pas fixé plus particulierement par le contrat de mariage qui auroit l'option, le mari doit l'avoir. Pour que l'option appartienne à la femme, il faut qu'il y ait dans le contrat de mariage une clause précise qui la lui donne. (*i*)

(*i*) Si res in dotem datæ fuerint, quamvis æstimatæ, verùm convenerit, ut aut æstimatio, aut res præstentur : si quidem fuerit adjectum utrum mulier volet, ipsa eliget utrum malit petere rem aut æstimationem ; verùm si ita fuerit adjectum utrum maritus volet, ipsius erit electio, aut si nihil de electione adjiciatur, electionem habebit maritus utrum malit res offerre, an pretium earum ; nam cum illa aut illa res promittitur, rei electio est utram præstet, sed si res non exet, æstimationem omnimodo maritus præstabit. *L. plerumque* 10. §. *si res ff. de jure dotium.*

Sane & deteriorem factam reddere poterit. *L. sane* 11. *ff. de jure dotium.*

IX.

L'estimation doit se faire par le contrat de mariage : elle ne peut se faire pendant le mariage, parce que dans ce cas ce seroit une donation qui n'est pas permise entre personnes mariées. (*k*)

(*k*) Si res æstimata post contractum matrimonium donationis causâ probetur, nulla est æstimatio, quia nec res distrahi donationis causâ potest, cum effectum intra virum & uxorem non habeat, res igitur in dote remanebit. Sed si ante matrimonium magis est ut in matrimonii tempus collata donatio videatur, atque ideo non valet. *L. si res* 12. *in prin. ff. de jure dotium.*

X.

Si l'estimation a été faite à vil prix le mari sera-t'il obligé de rendre l'effet estimé ? Il faut distinguer si la femme étoit majeure lors du contrat de mariage, ou si elle étoit mineure ; si la femme étoit majeure lors de son contrat de mariage, l'estimation subsistera, & le mari ne sera obligé de rendre que le prix de cette estimation ; dans ce cas on peut dire que c'est un avantage que la femme a voulu faire à son mari en estimant les effets au-dessous de leur valeur, mais si la femme étoit mineure, la femme sera en droit de demander la restitution de l'effet nonobstant l'estimation ; cependant le mari seroit le maître de le conserver en offrant à la femme le prix d'une nouvelle estimation. Si l'effet étoit péri pendant le mariage, le mari seroit tenu de rendre à la femme qui auroit fait l'estimation en minorité, la valeur du juste prix. (*l*)

(*l*) Si mulier se dicat circumventam minoris rem æstimasse, ut puta servum, si quidem in hoc circumventa est, quod servum dedit, non tantum in hoc quod minoris æstimavit, in eo actum ut servus sibi restituatur : enim vero si in æsti-

mationis

mationis modo circumventa est, erit arbitrium mariti, utrum justam æstimationem an potius servum præstet, & hæc si servus vivit; quod si decessit, Marcellus ait magis æstimationem præstandam, sed non justam, sed eam quæ facta est, quia boni consulere mulier debet, quod fuit æstimatus. Cæterum si simpliciter dedisset, procul dubio periculo ejus moreretur, non mariti, idemque & in minore circumventâ Marcellus probat. Plane si emptorem habuit mulier justi pretii, tunc dicendum justam æstimationem præstandam, idque dumtaxat uxori minori annis præstandam, & puto verius quòd Scævola ait. *L. Si res 12. §. si mulier 1. ff. de jure dotium.*

XI.

Une femme peut apporter en dot ce qui lui est dû par son mari. (m)

(m) Si cum marito debitore mulier pacta sit ut id quod debeat in dotem habeat, dotis actione scilicet eam agere posse existimo. Licet enim ipso jure priore debito liberatus non sit, sed tamen exceptionem habere potest. *L. si res 12. §. si cum 2. ff. de jure dotium.*

Si ei nuptura mulier qui stichum debebat ita cum eo pacta est, pro sticho quem mihi debes decem doti tibi erunt, secundum id quod placuit, rem pro re solvi posse, & liberatio contingit, & decem in dotem erunt, quia & permutatio dotium conventione fieri potest. *L. si ei 25. ff. de jure dotium.*

XII.

Si l'effet dû par le mari à la femme & par elle apporté en dot, est estimé par le contrat de mariage, le mari sera quitte envers la femme de ce qu'il pouvoit lui devoir pour raison de la premiere créance qui se trouve éteinte par cette convention, mais il sera obligé de rendre à sa femme le prix de l'estimation. (n)

(n) V. la Loi *si ei 25. ff. de jure dotium,* citée sur l'article précédent.

XIII.

Les fruits du fonds dotal perçus par le mari pendant le mariage lui appartiennent, & ne font pas partie de la dot. C'est le seul profit que le mari puisse tirer de la dot que la femme lui apporte pour la contribution aux charges du mariage. (o)

(o) Si fructus constante matrimonio percepti sint, dotis non erunt. *L. dotis 7. §. si fructus. 1. ff. de jure dotium.*

XIV.

A l'égard des fruits des fonds dotaux échus avant le mariage, ils n'appartiennent pas au mari & font eux-mêmes partie de la dot, à moins que le contraire n'ait été stipulé par le contrat de mariage. (p)

(p) Si vero ante nuptias percepti fuerint, in dotem convertuntur, nisi forte aliquid inter maritum futurum, & destinatam futuram uxorem convenit; tunc enim quasi donatione factâ fructus non redduntur. *L. dotis 7. §. si fructus. 1. ff. de jure dotium.*

XV.

On peut stipuler que les fruits du fonds dotal qui écheront pendant le mariage, feront partie de la dot; cette convention n'a rien contre les bonnes mœurs: c'est un avantage considérable à la vérité que le mari fait à la femme, mais un avantage qui n'est défendu par aucune Loi: dans ce cas le profit que le mari retire de la dot, ne consistera que dans l'intérêt qu'il pourra tirer des revenus de la dot. (q) La femme pourroit par conséquent stipuler dans son contrat de mariage, que le mari seroit tenu de payer un ou plusieurs créanciers de la femme sur le revenu du fonds dotal, sans pouvoir prétendre aucune répetition sur le fonds. Cependant il faut remarquer que de pareilles clauses ne peuvent se faire que par contrat de mariage, qu'elles seroient nulles si elles se trouvoient dans un acte posterieur à la célebration du mariage : ce seroit dans ce cas une donation faite par le mari à la femme. (r)

(q) Si convenerit ut fructus in dotem converterentur, an valeat conventio ? Et Marcellus ait libro octavo digestorum conventionem non valere ; prope enim indotatam mulierem hoc pacto fieri. Sed ita distinguit si quidem fundum in dotem dederit mulier, ita ut maritus fructus redderet, non esse ratum pactum, idemque esse, & si ususfructum in dotem hoc pacto dedit ; quod si convenisset de fructibus reddendis, hoc est ut in dote essent fructus quos percepisset, & fundus vel ususfructus in hoc traditus est, non ut fundus vel fructus fieret dotalis, sed ut fructus perciperet dotis futuros, cogendum de dote actione fructus reddere ; erunt igitur in dote fructus, & fructus illi usuris quæ ex fructibus collectis, & in sortem redactis percipi possunt. Ego vero utrobique arbitror interesse quâ contemplatione dos sit data ut si ob hoc ei majorem dotem mulier dedit quia fructus volebat esse dotis, contento marito ex pecunia quæ ex usuris reditum colligitur posse dici conventionem valere, nec enim videtur sterilis esse dos. Finge quadragena annua esse redatus apud eam qui non acciperet in dotem, nisi hoc convenisset, plus trecentûm uti boni contulerit, tam uberem dotem consecutus. Et quid dicimus si pactum tale intervenit, ut maritus fructus in dotem converteret, & mulier se tuoque aleret, tueretur, & universa onera sua expediret ? Quare non dicas conventionem valere. L. si convenerit. 4. ff. de pact. dot.

(r) Quæris si pacta sit mulier, vel ante nuptias vel post nuptias, ut ex fundi fructibus quem dedit in dotem creditor mulieris dimittatur, an valeat pactum, dico si ante nuptias id convenerit, valere pactum, eoque modo minorem dotem constitutam ; post nuptias vero cum onera matrimonii fructus relevaturi sint, jam de suo maritus paciscitur, ut dimittat creditorem, & erit mera donatio. L. quæris 28. ff de pactis dotalibus.

X V I

Lorsque la femme apporte en dot un usufruit, les fruits qui seront perçus pendant le mariage, appartiendront au mari, à moins que le

contraire n'ait été stipulé par le contrat de mariage. (s)

(s) Si ususfructus in dotem datus sit, videamus utrum fructus reddendi sint necne, & libro decimo digestorum ait interesse quid acti sit, & nisi appareat aliud actum, putare se ipsum in dote esse, non etiam fructus qui percipiuntur. L. dotis 7. §. si ususfructus 2. ff. de jure dotium.

X V I I.

Toutes les conventions d'un contrat de mariage qui sont contraires aux bonnes mœurs sont nulles. (t)

(t) Illud convenire non potest ne de moribus agatur, vel plus vel minus exigatur, ne publica coercitio privata pactione tollatur. Ac ne illa quidem pacta servanda sunt, ne ob res donatas vel amotas ageretur, quia altero pacto ad furandum, mulieres invitantur, altero jus civile impugnatur. L. illud 1 in prin. & §. 1. ff. de pactis dotalibus.

X V I I I.

Une femme ne peut pas aliéner le fonds dotal sans le consentement de son mari. (v)

(v) Si prædium uxor tua dotale vendidit, sponte necne contractus ratum habuerit nihil interest, cum rei uxoriæ fructuæ dominium auferre noluerit minimè potuerit. L. si prædium 25. cod. de jure dotium.

X I X.

Toutes les conventions qui se font dans un contrat de mariage, soit entre les futurs époux ou autres, sont toujours présumées conditionnelles, & ne doivent avoir leur exécution qu'au cas que le mariage soit célébré. (x)

(x) Si res in dote detur, puto in bonis mariti fieri, accessionemque temporis marito ex persona mulieri concedendam, sunt autem res mariti si constante matrimonio in dotem dentur. Quid ergo si ante matrimonium ? Si quidem sic dedit mulier ut statim ejus fiant efficiantur, non vero si hac conditione dedit ut tunc efficiantur cum nupserit, sine dubio dicemus fieri cum nuptiæ fuerint secutæ, perinde si forte nuptiæ non sequantur, nuntio remisso, si quidem sic dedit mulier ut statim vir... sint, condicere eas debebit nuntio emisso, enim verò sic dedit ut secutis nuptiis incipiant esse, nuntio remisso statim eas vindicabit, sed ante nuntium remissum si vindicabit, exceptio poterit nocere vindicanti, aut doli aut in factum; doti enim destinata non debebunt vindicari. Sed nisi hoc evidenter actum fuerit credendum est hoc agi ut statim res fiant, & nisi nuptiæ secutæ fuerint reddantur. *L. dotis 7. §. si resolutâ. & l. 8. ff. de jure dotium.*

Si re æstimatâ datâ nuptiæ secutæ non sint, videndum est quid repeti debeat, utrum res an æstimatio rata sit, si nuptiæ sequantur, quia nec alia causa contrahendi fuerit, res igitur repeti debeat non pretium. *L. in rebus 17. §. sine 1. ff. de jure dotium.*

Stipulationem quæ propter causam dotis fiat, constat habere in se conditionem hanc, si nuptiæ fuerint secutæ, & ita demum ex eâ agi posse, quamvis non sit expressa conditio, si nuptiæ, constat. Quare si nuntius remittatur, deficile conditio stipulationis videtur. *L. stipulationem 21. ff. de jure dotium.*

X X.

Si le mariage a été rompu, & que dans la suite les mêmes parties le contractent, les conventions ne doivent plus avoir lieu. Mais il faut pour annuller les conventions stipulées par un contrat de mariage, que les parties ayent témoigné bien clairement leur intention; ensorte qu'on ne puisse pas douter de la rupture du mariage; ainsi par exemple l'une des parties contracte un autre mariage, la rupture est certaine, & si dans la suite le mariage projetté se fait, les clauses du premier contrat de mariage ne pourront pas subsister. (e)

(e) Et licet postea eidem nupserit, non convalescit stipulatio. *L. & licet ff. de jure dotium.*

Si sponsalibus nondum factis Titio dotem Seiæ nomine promiseris, cum ea nubere nollet, tamen si postea nupserit, do-

tem debebis, nisi aliæ nuptiæ medio tempore intercessissent. *L. si sponsalibus 58. in pr. ff. de jure dotium.*

SECTION II.

Des personnes qui constituent la dot & de leurs engagemens.

SOMMAIRES.

1. *Un pere qui donne en dot à sa fille ce qu'il croit lui devoir, peut-il repeter ce qu'il a donné lorsqu'il a reconnu son erreur ?*
2. *Les héritiers du pere sont obligés de fournir la dot promise par le pere, quand même le pere seroit mort avant le mariage.*
3. *Quelle regle un tuteur doit-il suivre pour la constitution de la dot de sa mineure ?*
4. *Le pere ne peut pas diminuer la dot qu'il a promise à sa fille.*
5. *La dot constituée par le fondé de procuration du pere, est une dot profectice.*
6. *Si la dot a été donnée pour gratifier le pere, c'est une dot profectice.*
7. *Si le pere renonce à une succession ou à un legs pour assurer une dot à sa fille, la dot sera-t-elle profectice ?*
8. *La dot est-elle profectice lorsque le pere ne s'y oblige que comme caution ?*
9. *Quid, si le pere promet la dot & qu'un tiers se rende caution ?*
10. *Si le pere est héritier de celui qui a promis la dot, est-elle profectice ?*
11. *Le pere qui a doté ou ses héritiers sont garans de la dot.*
12. *Si l'effet donné en dot au mari n'appartenoit pas à la femme, le mari seroit en droit de demander une indemnité sur les autres biens de la femme.*

I.

Lorsqu'un pere a donné en dot à sa fille une dot qu'il croyoit lui devoir, la constitution de la dot est valable, quoique réellement la fille ne fût pas créanciere de son pere. (a)

(a) Pater etiam si falso existimans se filiæ suæ debitorem esse, dotem promisisset, obligabitur. *L. quemadmodum 46. §. pater 2 ff. de jure dotium.*

II.

Un pere qui a constitué une dot à sa fille, est obligé de remplir son engagement, & l'obligation qu'il a contractée a lieu contre les héritiers, s'il n'a pas payé la dot de son vivant: cette obligation subsisteroit, quand même le mariage ne se feroit contracté que depuis la mort du pere qui auroit promis la dot. (b)

(b) Si pater filiæ nomine dotem promisisset, & eam ante nuptias emancipasset, non resolvitur promissio. Nam & cum ante nuptias pater moreretur, nihilominus hæredes ejus ex promissione obligati manebunt. *L. si pater 44. in ppio. ff. de jure dotium.*

III.

Quand une mineure est mariée par son tuteur, le tuteur doit pour la constitution de la dot faire attention à l'état & aux facultés des futurs époux (c); si le tuteur n'a pas suivi cette regle pour la constitution de la dot, cette constitution ne sera pas nulle pour la totalité, mais il dépendra de la prudence du Juge de la réduire *ad legitimum modum* (d). Il n'est gueres possible de donner une regle certaine pour fixer la constitution de la dot, cela dépend des différentes circonstances. (e)

(c) Quæro quantæ pecuniæ dotem promittenti adultæ mulieri curator consensum accomodare debeat, respondit modus ex facultatibus & dignitate mulieris maritique statuendus est, quousque ratio patitur. *L. quæro 6. ff. de jure dotium.*

(d) Sive generalis curator sive dotis dandæ causa constitutus sit, & amplius doti promissum est quam facultates mulieris valent, ipso jure promissio non valet, quia lege rata non habetur authoritas dolo malo factæ. Quærendum tamen est utrum tota obligatio, an quod amplius promissum est quam promitti oportuit infirmetur, & utilius est dicere id quod superfluum est, tantum modo infirmare. *L. sive generalis in ppio. ff. de jure dotium.*

(e) Iste autem curator res dotis nomine tradere debet, non etiam ut vendat cuilibet, & pretium ejus in dotem det: dubitari autem potest, an hoc verum sit; quid enim si aliter honestè nubere non possit, quam ut pecuniam in dotem det, idque ei magis expediat, atquin possunt res in dotem datæ plerumque alienari, & pecunia in dotem converti, sed ut expediatur quæstio, si quidem res in dotem maritus accipere maluerit, nihil amplius quærendum est, sin autem non aliter contrahere matrimonium vir patitur, nisi pecuniis in dotem datis, tunc officium est curatoris apud eumdem intrare judicem qui eum constituit, ut iterum ei causâ cognitâ etiam viro absente permittat rerum venditione celebrarâ dotem constituere. *L. 6. sive 61 §. 1. ff. de jure dotium.*

IV.

Le pere ayant une fois promis une dot à sa fille, ne peut pas réduire la dot à une moindre somme que celle qu'il a promise. (f)

(f) Post nuptias pater non potest deteriorem causam filiæ facere, quia nec reddi ei dos invitâ filiâ potest. *L. post nuptias 28. ff. de jure dotium.*

V.

On appelle dot profectice non-seulement celle que le pere a donnée, mais encore celle qui a été donnée par son fondé de procuration, ou par quelqu'un en son nom sans être fondé de la procuration, mais dont il a ratifié la promesse. (g)

(g) Sive igitur parens dedit dotem, sive procurator ejus, sive jussit alium dare, sive cum quis dedisset negotium ejus gerens, parens ratum habuerit profectitia dos est. *L. profectitia 4. §. sive igitur 1. ff. de jure dotium.*

VI.

VI.

Ce qui a été donné en dot à une fille *contemplatione patris*, est une dot profectice, parce que c'est le pere qu'on a voulu avantager (*h*) ; ainsi si l'ayeul dote sa petite-fille, la dot sera réputée profectice, l'ayeul étant présumé avoir donné en faveur du pere. (*i*)

(*h*) Quod si quis patri donaturus dedit, Marcellus libro sexto digestorum scripsit hanc quoque à patre profectam esse, & est verum. *L. profectitia* 5. §. *quod si* 2. *ff. de jure dotium.*

(*i*) Dotem quam dedit avus paternus an post mortem avi mortui in matrimonio filiâ patri reddi oportet quæritur. Occurrit æquitas rei, ut quod pater meus propter me filiæ meæ nomine dedit proinde sit atque ipse dederim, quippe officium avi circa neptem ex officio patris in ea filium pendet, & quia pater filiæ, ideo avus propter filium nepti dotem dare debet. *L. dotem* 6. *ff. de collatione bonorum.*

VII.

Si le pere renonce à une succession ou à un legs pour assurer une dot à sa fille, cette dot ne sera pas profectice, parce qu'au moyen de la renonciation le pere est réputé n'avoir jamais eu aucun droit aux effets compris dans le legs, ou qui composoient la succession à laquelle il a renoncé (*k*) ; mais si le pere avoit accepté la succession, ou demandé la délivrance, & qu'il eût abandonné à sa fille ce qui lui revenoit en qualité de légataire ou d'héritier, la dot seroit profectice, parce que dans ce cas le pere auroit donné en dot à sa fille des effets dont il étoit propriétaire.

(*k*) Si pater repudiaverit hæreditatem dotis constituendæ causâ, forte quod maritus erat substitutus, aut qui potuit ab intestato hæreditatem vindicare, profectitiam non esse Julianus ait : sed & si legatum in hoc repudiaverit pater, ut apud

generum hæredem remaneat dotis constituendæ causâ, Julianus probat non esse profectum id de bonis, quia nihil erogavit de suo pater, sed non acquivit. *L. profectitia* 5. §. *si pater* 5. *ff. de jure dotium.*

VIII.

Pour que la dot soit profectice, il faut que le pere donne du sien ; ainsi on ne pourroit pas dire que la dot seroit profectice, si le pere s'étoit simplement obligé comme caution pour la sûreté de la dot qui auroit été constituée à sa fille par un tiers. (*l*)

(*l*) Si pater non quasi pater sed alio dotem promittente fidejussit, & quasi fidejussor solverit, Neratius ait non profectitiam dotem, quamvis pater servare à reo id quod solvit non possit. *L. profettitia* 5. §. *si pater* 6. *ff. de jure dotium.*

IX.

Mais si le pere promet une dot à sa fille, & donne une caution, la caution n'empêchera pas que la dot soit profectice. (*m*)

(*m*) Sed si pater dotem promisit, & fidejussorem vel reum pro se dedit, ego puto profectitiam esse dotem, sufficit enim quod pater sit obligatus sive reo sive fidejussori. *L. profectitia* 5. §. *sed si* 7. *ff. de jure dotium.*

X.

La dot ne peut être appellée profectice que lorsqu'elle a été donnée des biens du pere. Ainsi si c'est un étranger qui a doté, la dot ne sera pas profectice ; mais si le pere est heritier de celui qui a doté, pourra-t-on prétendre qu'elle soit profectice ? On distingue si le pere est devenu heritier avant la célébration du mariage, ou s'il ne l'a été que depuis. Dans le premier cas on décide que la dot est profectice ; au second cas la dot n'est pas profectice. (*n*)

(*n*) Si quis pro alienâ filiâ dotem promiserit, & promissori pater hæres extiterit, Julianus distinguit interesse, ante nuptias pater hæres extiterit, & dotem dederit, an postea; si ante videri dotem ab eo profectam, potuit enim nuntium remittendo resolvere dotem. Quod si post nuptias non esse profectitiam. *L. professitia* 5. §. *si quis* 14. *ff. de jure dotium.*

XI.

Le pere qui a doté & ses héritiers après la mort sont garants de la dot. (o)

(o Prædium æstimatum in dotem à patre filiæ suæ nomine datum obligatum creditori deprehenditur, quæsitum est an filius qui hæreditatem patris retinet, cum ab eâ se filiæ abstinuisset dote contenta actione ex empto teneatur, ut à creditore lueret, & marito liberum præstaret, respondit teneri. *L. creditor* 52. §. *prædium* 1. *ff. de act. empti & venditi.*

XII.

Si la femme avoit apporté en dot un effet qui ne lui appartînt pas, le mari ne pouvant pas conserver cet effet, pourroit demander une indemnité sur les autres biens de la femme. Ainsi si une fille avoit donné un héritage en échange d'un autre hé-

ritage, & que dans son contrat de mariage elle eût stipulé que l'héritage qui lui auroit été donné en échange, feroit partie de sa dot, si dans la suite elle se fait restituer contre l'échange, le mari doit avoir une indemnité pour l'héritage qu'il perd. Il en est de même des autres cas. (p)

(p) Titia cum esset minor viginti quinque annis, quartam hæreditatis matris suæ communem sibi cum fratribus mutavit, & accepit pro eâ parte fundum quasi emptione inter se factâ: hunc fundum cum aliis rebus doti dedit. Quæro si in integrum restituatur, & partem suam accipiat quartam, & reddat fundum, quid debeat maritus facere, an contentus esse debeat aliis rebus in dotem datis. Item quæro si hæc decesserit, & hæredes ejus in integrum restitutionem ex ejus personâ petierit, & ipsi petant quartam partem, & illi fundum, an maritus cogitur restituere fundum contentus in retentione lucri dotis cæteris rebus. Modestinus respondit nihil proponi cur marito dos auferenda sit, sed in meram æstimationem prædii mulier vel ejus hæredes condemnandi sunt in hoc tempus referendam quo in dotem datus est. *L. Titia* 62. *ff. de jure dotium.*

CHAPITRE VII.

DES DONATIONS ENTRE-VIFS.

SECTION PREMIERE.

De la nature des donations entre-vifs.

SOMMAIRES.

1. *Deux especes de donations.*
2. *Définition de la donation pour cause de mort.*
3. *Définition de la donation entre-vifs.*
4. *Une personne malade peut-elle donner entre-vifs ?*
5. *La grossesse d'une femme est-elle une maladie qui l'empêche de donner entre-vifs ?*
6. *Les sourds & muets peuvent-ils donner ?*

7. *Les interdits pour cause de prodigalité ou pour autre cause, peuvent-ils donner ?*

8. *Un vieillard peut-il donner ?*

9. *Un mineur peut-il donner ?*

10. *Les donations faites en minorité sont-elles valables, si elles sont faites pour une cause favorable ?*

11. *Celui qui a commis un crime capital, peut-il donner ?*

12. *Mari & femme peuvent-ils se donner ?*

13. *Ils peuvent se donner par contrat de mariage.*

14. *Les conjoints ne peuvent pas se réserver par une clause de leur contrat de mariage, la faculté de s'avantager pendant le mariage.*

15. *Les donations faites par personnes dont le mariage est nul sont-elles valables ?*

16. *Le mineur peut-il accepter ?*

17. *Donations faites à des personnes avec lesquelles le donateur vit en mauvais commerce sont nulles.*

18. *Les héritiers d'un donateur sont-ils en droit d'exciper de l'adultère pour empêcher l'effet de la donation ?*

19. *Peut-on donner aux bâtards ?*

20. *Peut-on donner aux enfans légitimes des bâtards ?*

21. *Donations faites aux Médecins.*

22. *Aux Procureurs.*

23. *Aux Confesseurs.*

24. *Peut-on donner à un inconnu ?*

25. *On peut donner une créance.*

26. *On peut donner une portion indivise dans un immeuble.*

I.

POur bien comprendre ce qu'on entend par donation entre-vifs, il faut sçavoir qu'on distingue deux especes de donations, une qu'on qualifie donation entre-vifs, & l'autre qu'on appelle donation à cause de mort. (*a*)

(*a*) Donationum duo sunt genera, mortis causâ & non mortis causâ. §. 1. *inst. de donat.*

II.

La donation pour cause de mort est celle qui se fait dans la pensée de la mort. (*b*)

(*b*) Mortis causâ donatio est quæ propter mortis fit suspicionem. §. *mortis* 2. *inst. de donat.*

Mortis causâ donare licet, non tantùm infirmæ valetudinis causâ, sed periculi etiam propinquæ mortis. L. *mortis* 3. *ff. de mortis causâ donat.*

III.

La donation entre-vifs est celle qui se fait sans crainte de la mort. (*c*)

(*c*) Aliæ autem donationes sunt quæ sunt sine ullâ mortis cogitatione, quas inter vivos appellamus. §. *aliæ* 3. *inst. de donat.*

IV.

Une personne malade ne peut donner entre-vifs, elle ne peut disposer que pour cause de mort. Les donations faites par un malade sont présumées faites *mortis contemplatione* ; cependant il ne faut pas croire que la moindre maladie puisse empêcher de donner entre-vifs ; il n'y a que les maladies qui puissent produire cette incapacité. Ainsi une fievre quarte ou autre maladie semblable n'empêcheroit pas de difposer entre-vifs, parce que ce ne font pas des maladies qu'on puiffe dire avoir trait à la mort. *(d)*

(d) Sed fciendum eft morbum apud Sabinum fic definitum effe, habitum cujufque corporis contra naturam qui ufum ejus à die facit deteriorem, cujus causâ naturalis ejus corporis fanitatem dedit ...

... Proinde fi quid tale fuerit vitii five morbi quod ufum minifteriumque hominis impediat, id dabit redhibitioni locum, dummodo meminerimus nonnulla quam leviffimum efficere ut morbofus vitiofufve habeatur, proinde levis quartana, quæ tamen jam fperni poteft vel valetudinem modicum ... contemni enim hæc potuerunt. L. Labeo 1. §. 7. 8. ff. de ædilitio ediéto.

Quæfitum eft cum alter ex litigatoribus febricitans difceffiffet, & Judex abfente eo pronuntiaffet, an jure videretur pronuntiaffe. Refpondit morbus fonticus, etiam invitis litigatoribus ac judice diem differt. Sonticus autem æftimandus eft qui cujufque rei agendæ impedimento eft; litiganti porro quid magis impedimento eft quam motus corporis contra naturam quam febrem appellant? Igitur fi rei judicandæ tempore alter ex litigatoribus febrem habuit, res non videtur judicata. Poteft tamen dici effe aliquam febrium differentiam; nam fi quis fanus alius ac robuftus tempore judicandi leviffimâ febre correptus fuerit, aut fi quis tam veterem quartanam habeat ut in eâ omnibus negotiis fuperefte foleat, poterit dici morbum fonticum non habere. L. quæfitum 60. ff. de re judicatâ.

V.

On ne doit pas regarder la groffeffe d'une femme comme une maladie qui puiffe l'empêcher de donner entre-vifs. L'état de groffeffe n'eft pas un état de maladie; il fuppofe même de la fanté dans la perfonne de la femme. *(e)*

(e) Si non propter valetudinem mulier non interet judicio, fed quod gravida erat, exceptionem ei dandam Labeo ait. Si tamen poft pactum decubuerit probandum erit quali valetudine impeditam. L. non exigimus 2. §. fi non 4. ff. fi quis cautionibus.

Quelques-uns ont cru que cette Loi mettoit la groffeffe des femmes au nombre des maladies, mais c'eft faute d'avoir compris le fens de cette Loi qui parle de deux cas où la femme pouvoit fe difpenfer de comparoître en Jugement : le premier eft celui où la femme eft malade, le fecond eft celui où la femme n'étant pas malade, feroit groffe. Cette diftinction propofée par la Loi, annonce bien clairement que la groffeffe d'une femme n'eft pas une maladie.

V I.

Celui qui eft fourd ou muet peut donner, mais celui qui eft fourd & muet ne peut pas donner. *(f)*

(f) Mutus & furdus donare non prohibentur. L. qui id quod 33. §. mutus 2. ff. de donationibus.

Cette Loi ne doit s'entendre que de ceux qui font fourds fans être muets, ou muets fans être fourds, & ne parle pas de ceux qui font fourds & muets, quoique plufieurs ayent prétendu qu'ils devoient s'entendre tant de ceux qui font fourds & muets que de ceux qui font ou fourds ou muets; mais quand on fait attention aux termes de la Loi, on voit que le mot *&* qui s'y trouve, n'eft pas une conjonctive, mais une véritable difjonctive : en effet fi c'étoit une conjonctive, la Loi ne parleroit que d'une même perfonne qui feroit en même tems fourde & muette; mais il eft certain que la Loi parle de plufieurs; le mot *prohibentur* ne peut pas s'appliquer à une même perfonne.

V I I.

Les interdits pour caufe de prodigalité, démence ou autre caufe, ne peuvent pas donner. *(g)*

(g) Lege duodecim Tabularum prodigo interdicitur bonorum fuorum adminiftratio, & curator ei datur exemplo furiofi. L. 1. ff. de curat. furiofi.

VIII.

VIII.

La vieillesse ne forme pas une incapacité dans la personne du donateur. (h)

(h) Senectus ad donationem faciendam sola non est impedimento. *L. senectus* 16. *cod. de donat.*

IX.

Il n'en est pas de même de la minorité ; pour disposer entre-vifs, il faut avoir l'age de majorité.

X.

La faveur de ceux ausquels la donation auroit été faite, ne pourroit pas la faire valider si le donateur n'avoir pas l'age requis pour disposer de son bien.

XI.

La donation faite par celui qui a commis un crime capital, doit être déclarée nulle, s'il intervient un Jugement qui prononce la peine de mort naturelle ou civile contre lui(i). Si cependant le donateur ayant été condamné par Sentence, avoit interjetté appel, & étoit mort avant que la Sentence eût été confirmée, la donation se oit valable. (k)

(i) Post contractum capitale crimen donationes factæ valent ex constitutione Divorum Severi & Antonini, nisi condemnatio secuta sit. *L. post contractum.* 15. *ff. de donationibus.*

(k) Si quis capitali crimine damnatus appellaverit, & medio tempore pendente appellatione fecerit testamentum, & ita decesserit, valet ejus testamentum. *L. qui à latronibus* 13. §. *ult. ff. de testamentis.*

XII.

Mari & femme ne se peuvent donner pendant le mariage.

XIII.

Par contrat de mariage le mari peut donner tous ses biens à sa femme, & *vice versâ.* (l)

(l) Nulli lege prohibitum est universa bona in dotem marito fœminam dare. *L. nulla* 4. *cod. de jure dotium.*

XIV.

Les conjoints ne peuvent pas se réserver directement ni indirectement la faculté de s'avantager pendant leur mariage.

XV.

Ceux dont le mariage est nul, ne peuvent pas non plus donner.

XVI.

Un mineur ne peut pas accepter une donation sans l'autorité de son tuteur.

XVII.

On ne peut donner à ceux avec lesquels on vit en mauvais commerce.

XVIII.

Si la donataire est une femme mariée, les héritiers du donateur pourront ils opposer le crime d'adultere pour faire déclarer la donation nulle ? Il semble que non, le mari étant le seul qui ait le droit d'accuser sa femme d'adultere ; cependant si la femme demandoit l'exécution de la donation, les héritiers du mari seroient en droit de lui opposer les faits d'adultere, quoiqu'ils n'eussent pas été recevables à l'accuser directement de ce crime. Il y a plusieurs cas où on est admis à prouver par forme d'exception des faits qu'on n'auroit pas pû demander à prouver par action directe. (*m*)

(*m*) Falsi quidem crimen, vel aliud capitale movere vos matri vestræ, secta mea non patitur, sed ea res pecuniarum compendium non aufert. Si enim de fide scripturæ unde eadem mater vestra fideicommissum sibi vindicat, dubitatio est, inquiri fides veritatis etiam sine metu criminis potest. *L. falsi* 5. *cod. ad legem Corneliam de falsis.*

XIX.

Les peres & meres naturels peuvent-ils donner à leurs bâtards ? On distingue trois especes de bâtards, les bâtards adulterins, les bâtards incestueux & les bâtards simples, c'est-à dire les bâtards nés de personnes libres. On peut donner aux bâtards nés *ex soluto & solutâ*, pourvû que la donation ne soit pas universelle; mais pour les bâtards incestueux & adulterins, on ne peut leur donner que des alimens. Nous ne suivons pas la disposition de l'autentique *licet, cod. de natural. liberis*, qui permettoit de faire des donations universelles aux bâtards nés *ex soluto & solutâ*, & défendoit de faire aucun avantage aux bâtards incestueux & adulterins. (*n*)

(*n*) Licet patri sine legitimâ prole, seu parente cui relinqui necesse est decedenti naturalibus totam substantiam suam vel inter vivos largiri, vel in testamento transmittere, quod si parentes duntaxat ei supersint, legitimâ parte parentibus relictâ, reliquam inter naturales distribui permittitur. Ab intestato vero cum deit soboles civilis, nec supersit conjux legitima : si ex concubinâ extant quæ sola fuerit ei indubitato affectu conjuncta. In duas paternæ substantiæ uncias succedant, ut matris inter eos virilis portio si superest detur. Hujusmodi enim naturales filios patri boni viri arbitrio necesse est. Sive legitimi extant & succedant, sive conjuge vivâ quilibet alii sunt hæredes. Hi ergo & parentibus parem præstent si opus sit pietatem, sed qui ex damnato sunt coitu omni, prorsus benefi-

cia secludantur. *Authentica licet cod. de naturalibus liberis.*

XX.

Les peres & meres des bâtards ne pouvant faire des donations universelles aux bâtards nés *ex soluto & solutâ*, il suit de cette maxime qu'ils ne pourroient pas non plus faire des donations universelles aux enfans légitimes de ces bâtards ; la donation faite aux enfans est présumée faite au pere. Par la même raison on ne peut laisser que des alimens au fils du bâtard incestueux & adulterin.

XXI.

Un malade ne peut donner valablement à son Medecin ; ces sortes de donations ne sont pas présumées faites du consentement libre du donateur, le Medecin ayant sur l'esprit d'un malade une autorité que la crainte de la mort augmente journellement jusqu'à ce que le malade soit entierement rétabli. (*o*) Il seroit à craindre si on autorisoit les donations faites aux Médecins par leurs malades, qu'il ne s'en trouvât d'assez criminel pour perpetuer la maladie, en donnant des remedes contraires dans l'esperance d'engager les malades à disposer en leur faveur, (*p*)

(*o*) Quos etiam patimur accipere quæ sani offerunt, non ea ut periclitantes pro salute promittunt. *L. Arbitrii* 9. *cod. de professoribus & medicis.*

(*p*) Si medicus cui curandos suos oculos qui eis laborabat commiserat, periculum amittendorum eorum, per adversa medicamenta inferendo, compulit ut ei possessiones suas contra fidem bonam æger venderet, incivile factum Præses provinciæ coerceat, remque restitui jubeat. *L. si medicus* 3. *ff. de extraord. cogn.*

Cette Loi s'observe contre les Chirurgiens, Apoticaires & tous ceux qui

par leur profession pourroient avoir em-
pire sur l'esprit d'un malade.

XXII.

Les donations faites aux Procureurs doivent aussi être déclarées
nulles ; cependant si le donateur
n'avoit lors de la donation aucune
affaire qui exigeât le ministere de
son Procureur, la donation seroit valable , parce que la raison qui rendoit le Procureur incapable de recevoir de son client, étant cessée, l'incapacité ne doit pas subsister.

XXIII.

Les donations faites aux Confesseurs doivent aussi être déclarées
nulles.

XXIV.

On peut donner à une personne
qu'on ne connoît point. (q)

(q) In extraneos & sæpe ignotos donationem collatam valere receptum est. L.
in extraneos 29. cod. de donat.

XXIV.

Tout effet qui est dans le commerce, peut être compris dans une
donation ; ainsi on peut donner une
créance , & il n'est pas nécessaire
pour la validité de la donation
que le débiteur y consente. (r)

(r) Si nominis persecutionem in te eman-
cipatam pater tuus titulo donationis
transtulit , frustra prætendit qui debitori
tuo hæres extitit , consensum fuisse debitoris necessarium , cum satis fuerit actiones eo nomine tibi mandatas fuisse. L. si
nominis 2. cod. de donationibus.

XXV.

On peut aussi donner une portion dans un immeuble , quand même elle seroit indivise. (f)

(f) Portionem propriam rebus nondum divisis nemo prohibetur titulo do-

nationis in alium transferre. l. portionem
12. cod. de donationibus.

SECTION II.

Des engagemens du donateur.

SOMMAIRES.

1. *Le donateur doit livrer la chose*
donnée.
2. *La tradition doit preceder la do-*
nation.
3. *La perte du contrat de donation*
annulle-t'elle la donation ?

I.

LE donateur doit livrer au donataire l'effet compris dans
la donation. (a)

(a) Perficiuntur autem donationes cum
donator voluntatem scriptis aut sine
scriptis manifestaverit , & ad exemplum
venditionis nostra constitutio , eas etiam
in se habere necessitatem traditionis voluit , ut etiam si non tradantur habeant
plenissimum , & perfectissimum robur ,
& traditionis necessitas incumbat dona-
tori. L. §. alia 3. inst. de donat.

II.

Il arrive quelquefois que la tradition precede la donation ; ainsi
par exemple si le donataire etoit
dépositaire de l'effet qui lui est donné. (b)

(b) Interdum etiam sine traditione
nuda voluntas domini sufficit ad rem
transferendam, veluti si rem quam tibi aliquis commodaverit , aut locaverit , aut
apud te deposuerit , postea ea aut vendiderit tibi, aut donaverit , aut dotis nomine dederit ; quamvis enim ex eâ causâ
tibi eam non tradiderit , eo tamen ipso
quod patitur tuam esse, statim tibi acquiri-
tur proprietas, perinde ac si eo nomine tibi tradita fuisset.

III.

Le contrat de donation est le

titre qui établit le droit du donataire, & par conséquent s'il perd ce contrat, il semble qu'il perde son titre & le droit que ce titre lui donnoit; cependant la perte de ce titre ne prive pas entierement le donateur du profit de la donation, s'il y a d'ailleurs des preuves de cette donation. (e)

(e) Si apud Provinciæ Præsidem aviam suam res quasi pœnitentiâ ductam instrumenta donationem igne excussisse, consiterir, vereri te non oportet ne id quod jure vires acceperat, ex postfacto possit in dubium revocari. *L. si apud* 2. *cod. de revocandis donat.*

Lois Civiles 1. part. livre 4. tit. 1. sect. 10.

SECTION III.

Des engagemens du donataire, & de la révocation des donations.

SOMMAIRES.

1. *Le donataire est-il tenu de payer les dettes du donateur?*
2. *Le donateur peut il révoquer la donation?*
3. *Révocation pour cause d'ingratitude.*
4. *Le refus de fournir au donateur les alimens promis par le contrat de donation, peut-il donner lieu à la révocation de la donation?*
5. *Quid, si les alimens n'avoient pas été promis par le contrat de donation?*
6. *La révocation pour cause d'ingratitude peut-elle avoir lieu lorsque la donation est faite à des proches parens?*
7. *Les héritiers du donateur peuvent-ils demander la révocation de la donation pour cause d'ingratitude?*
8. *La demande en révocation de la donation peut-elle être formée contre l'héritier du donataire?*
9. *Si le donataire a aliéné les héritages qui lui ont été donnés, les acquereurs pourront-ils évincer pour les faits d'ingratitude du donataire?*
10. *Les biens compris dans la donation révoquée pour cause d'ingratitude, rentrent-ils dans la main du donateur libres des dettes & hypoteques du donataire?*
11. *Dans le cas de révocation pour cause d'ingratitude, que doit rendre le donataire?*

I.

LE donataire n'est pas obligé de payer les dettes du donateur, à moins qu'il ne s'y soit obligé par le contrat de donation. (a)

(a) Æris alieni quod ex hereditariâ causâ venit, non ejus qui donationis titulo possidet, sed totius juris successoris onus est. Si itaque nemini prædia obligata per donationem consecuta es, supervacuam geris sollicitudinem, ne vel hæres donatricis vel ejus creditores te jure possint convenire. *L. æris alieni* 15. *cod. de donationibus.*

II.

Le donateur ne peut révoquer les donations qu'il a faites, sous le seul prétexte qu'il se repent de les avoir faites. C'est à lui à s'imputer de s'être déterminé trop legerement à faire la donation dont il se repent; mais quand la donation est une fois revetue de toutes ses formalités, le donateur ne peut la revoquer que dans les cas où les Loix ont autorisé la révocation. (b)

(b) Aliæ autem donationes sunt quæ sine ullâ mortis cogitatione fiunt, quas inter vivos appellamus, quæ non omnino comparantur legatis, quæ si fuerint perfectæ, temere revocari non possunt. §. *aliæ* 3. *inst. de donat.*
Sive emancipatis filiis res donasti, sive in potestate constitutis & tui juris effectis ac tenentibus non admisisti, blandiri non debes, veluti res donatas ex pœnitentiâ liceat auferre. *L. per* 17. *cod. de donationibus.*
Possessionem quam in vos emancipatos per donationem mater contulit, ex pœ-
nitentiâ

tinentiâ solâ alienare non potuit. *L. possessionem* 3. *cod. de revocandis donationibus.*

Cum profitearis in fraudem te alterius donasse, professionem inhonestam continere intelligis. Itaque si donationem perfecisti eam revocare non potes ex memoratâ allegatione sub obtentu pœnitentiæ. *L. cum profitearis* 4. *cod. de revocandis donationibus.*

Velles necne filiæ tuæ, prædia itemque mancipia donare, fuit initio tibi liberum; desine itaque postulare ut donatio quam perfeceras, revocetur prætextu mariti & liberorum absentia, cum hujus firmitas ipsorum præsentia non indigeat. *L. velles.* 6. *cod. de revocandis donationibus.*

III.

Une des causes pour lesquelles les Loix permettent aux donateurs de revoquer les donations, est l'ingratitude des donataires. (c)

(c) Sciendum est tamen quod etsi plenissimæ sint donationes, si tamen ingrati existant homines in quos beneficium collatum est, donatoribus per nostram constitutionem licentiam præstitimus certis ex causis eas revocare, ne illi qui suas res in alios contulerint, ab his quandam patiantur injuriam vel jacturam secundum innumeratos in nostrâ constitutione modos. §. *sciendum* 4. *inf. de donationibus.*

Etsi perfectis donationibus in possessionem inductus libertus, quantolibet tempore ea quæ sibi donata sunt, pleno jure ut dominus possederit; tamen si ingratus sit, omnis donatio, mutatâ patronorum voluntate revocanda est. Quod observatur & circa ea quæ libertorum nomine pecuniâ, tamen patronorum, & beneficio comparata sunt, nam qui obsequiis suis liberalitatem patronorum prole caverint, non sunt digni qui eam retineant cum cœperint obsequia negligere, cum magis in eos collata liberalitas ad obsequium eos inclinare debet quam ad insolentiam exigere. *L. etsi* 1. *ff. cod. de revocandis donationibus.*

I V.

Il y a de l'inhumanité à un donataire de refuser de fournir au donateur des alimens en payement desquels il s'est obligé par le contrat de donation. Le donateur est dans ce cas en droit de demander que le donataire soit tenu de satisfaire à l'obligation qui lui a été imposée par la donation ; il peut même demander que faute par le donataire de fournir ces alimens, la donation soit revoquée. (d)

(d) Si doceas ut affirmas nepti tuæ eâ lege esse donatum à te, ut certa tibi alimenta præberer, vindicationem etiam in hoc casu utilem, eo quod lege illa obtemperare noluerit, impetrare potes, id est actionem quâ dominium pristinum tibi restituatur. Nam non solum condictio quidem tibi in hoc casu, id est in personam actio jure procedit, verum etiam vindicationem quoque divi Principes in hoc casu dandam esse sanxerunt. *L. si doceas* 1. *cod de donationibus quæ sub modo.*

V.

Si le donataire ne s'étoit pas obligé par le contrat de donation de fournir des alimens au donateur, & si le donateur étoit réduit à un état d'indigence, la donation pourroit-elle être révoquée, faute par le donataire de lui en fournir ? Cette question semble décidée par la Loi *Si doceas* 1. *cod. de donationibus quæ sub modo.* Cette Loi permet au donateur de demander la révocation de la donation dans le cas où le donataire refuse de fournir les alimens promis par le contrat de donation; d'où il semble qu'on peut conclure que la révocation de la donation, faute par le donataire de fournir des alimens, ne doit avoir lieu que dans le cas où le donataire s'est obligé de les fournir par une clause précise du contrat de donation, mais que cette peine n'a pas lieu lorsque l'obligation de fournir des alimens n'a pas été imposée par le contrat; cependant il faut soutenir que le donataire est obligé de fournir des alimens au donateur réduit à la mendicité, quand même cela n'auroit pas été stipulé expressément par le contrat de donation. La Loi *Si doceat l. cod de donationibus quæ sub modo*, n'ôte pas au donateur la liberté de demander la révocation de la donation dans le cas où le donataire refuseroit de fournir des alimens qu'il n'auroit pas promis : cette Loi ne parle à la vérité que du donataire qui refuse de fournir des alimens qu'il a promis ; mais on ne peut pas dire qu'une Loi qui donne à un donateur le droit de révoquer une donation faute par le donataire de fournir des alimens qu'il a promis, lui interdise cette faculté vis-à-vis du donataire qui n'a pas contracté une pareille obligation.

V I.

L'ingratitude est un moyen qui se peut proposer par tout donateur : nous n'admettons pas parmi nous les distinctions que les Romains avoient adoptées & que nous trouvons établies dans le Code (e) & dans les Novelles. (f)

(e) His solis matribus quæ non in secundis matrimonii fœdus nupserint, sed unius tantum matrimonii sunt, revocandarum donationum quas in filios fecerint; ita decernimus facultatem si eos ingratos circa se, esse ostenderint ; quidquid igitur is qui à matre impietatis arguitur, ex titulo donationis tenet eo die quo controversia qualescumque principum jussu judicantis datur, matri cogantur reddere. Cæterum ea quæ adhuc matre pacificâ jure perfecta sunt, & ante inchoatum cœptumque jurgium vendita, donata, permutata, in dotem data, cæterisque causis legitime alienata, minime revocamus, actionem vero matris ita personalem esse volumus ut vindicationis tantum habeat effectum, nec in hæredem detur nec tribuatur hæredi. De cæteris autem quæ portentosæ utilitatis abjectæque pudicitiæ sunt, his etiam tacite cautum putamus : quis est enim qui his aliquid arbitretur tribuendum esse, cum etiam illis quæ jure secundas tantum contraxerunt nuptias, nihil ex his privilegiis tributum esse velimus. *L. his solis 7. cod. de revocandis donat.*

(f) Mater tamen donans aliquid filio de suo, si ad secundas venerit nuptias, non poterit per occasionem ingratitudinis revocare quod datum est; non enim ex purâ videtur voluntate ingratitudinem introducere, sed secundas nuptias considerans, ad hanc venisse cogitationem putabitur, nisi tamen aperientibus, aut circa vitam ipsam insidians matri, aut manus inferens impias, aut circa substantiæ totius ablationem agens, adversus eam aliquid declaretur. *Novella 22. cap. matre 23.*

V I I.

Il n'y a que le donateur qui soit en droit de révoquer la donation pour cause d'ingratitude : ce droit lui est personnel & ne passe pas à ses héritiers (g) ; c'est *actio injuriarum quæ hæredi non datur.* Cependant si le donateur avoit agi contre le donataire, ses héritiers seroient en droit de suivre cette demande, l'action d'injure pouvant être poursuivie par l'héritier de celui qui a déclaré par une demande judiciaire que son intention étoit de tirer vengeance de l'injure qui lui avoit été faite (h)

(g) Actionem verò matris ita personalem esse volumus, ut vindicationis tantum habeat effectum, nec in hæredem detur, nec tribuatur hæredi. *L. his solis 7. cod. de revocandis donationibus.*

(h) Injuriarum actio neque hæredi neque in hæredem datur. Idem est etsi in servum meum injuria facta sit, nam nec hic hæredi meo injuriarum actio datur, semel autem lite contestatâ hanc actionem etiam ad successores pertinere. *L. injuriarum 13. in ppio. ff. de injuriis.*

V I I I.

Cette demande ne peut pas être contre l'héritier du donataire, mais si elle avoit été formée contre le donataire, on pourroit la suivre contre son héritier. (i)

(i) *Vide* les Loix citées sur l'article précédent.

I X.

Si l'ingratitude est prouvée, le

donateur rentre en poſſſſion de tous les héritages compris dans la donation ; mais ſi le donataire a aliéné ces héritages , le donateur feroit-il en droit d'evincer les acquereurs ? Il faut diſtinguer dans ce cas ſi l'aliénation faite par le donataire eſt anterieure à la demande du donateur , ou ſi elle eſt poſterieure. Si la demande eſt poſterieure, l'aliénation eſt valable, & les acquereurs ne peuvent pas être inquietés , parce qu'on ne peut pas dire que l'aliénation ait été faite en fraude du donateur (k) ; & d'ailleurs il n'eſt pas juſte que celui qui a acquis de bonne foi, puiſſe être évincé par le délit que ſon vendeur a commis poſterieurement à la vente (l). Si la vente a été faite depuis la demande du donateur , elle eſt nulle par pluſieurs raiſons. Premierement, elle eſt faite en fraude du donateur; ſécondement , le donateur a un droit ſur l'effet donné au moment de la donation & de la demande qu'il a formée contre le donataire; troiſiémement, l'acquereur ne peut pas ſe plaindre de ce qu'il eſt évincé pour le délit de ſon vendeur , puiſque c'eſt pour un délit antérieur à la vente.

(k) Cæterum ea quæ adhuc matre paciſcæ jure perfecta ſunt , & ante inchoatum cœptumque jurgium , vendita , donata , donata , permutata , in dotem data cæteriſque cauſis legitime alienata minime revocamus. L. bis ſolita 7. cod. de revocandis. donationibus.

l. Si Manumiſſus ingratus circa patronum ſum extiterit , & quàdam jactantiâ vel contumaciâ cervicem adverſus eum erexerit , aut levis oſtente contraxerit culpam , à patrono rurſus ſub imperium ditionemque mutatur , ſi in judicio vel apud pedaneos judices patroni querela exorta ingratum eum oſtendat , iiſiſ etiam qui poſteà nari fuerint ſervituris , quoniam illis delicta parentum non nocent, quos tunc eſſe ortos conſtiterit, dum libertate illi potirentur. L. ſi manumiſſas 2. cod. de libertis.

X.

A l'égard de l'hypoteque , il faut faire la même diſtinction que pour l'aliénation , & il faut remarquer dans ces deux cas que le donateur a une action d'indemnité contre le donataire.

X I.

Lorſque la donation a été révoquée pour cauſe d'ingratitude , le donataire doit rendre les effets compris dans la donation ; cependant ſi une partie ou même la totalité de ces effets étoit périe , le donataire ne feroit pas tenu d'indemniſer le donateur , à moins qu'on ne pût lui imputer de la fraude. (m) Le profit que le donataire pourroit avoir fait ſur une partie des effets compris dans la donation ne ſe compenſeroit pas avec la perte qu'il auroit faite ſur d'autres effets. A l'egard des fruits , le donataire eſt obligé de rendre ceux qu'il a perçus depuis la demande du donateur , parce que cette demande le conſtitue en mauvaiſe foi , mais il fait ſiens ceux qu'il a perçûs avant cette demande , parce que la donation quoique révocable au cas d'ingratide , n'en étoit pas moins un titre qui le rendoit poſſeſſeur de bonne foi. (n)

m. Si id quod donatum ſit perierit vel conſumptum ſit , ejus qui dedit eſt detrimentum. L. ſi id 28. ff. de don. inter vir. & ux.

In donationibus jure civili impeditis hactenus revocatur donum ab eo vel ab eâ cui donatum eſt, ut ſi quidem extet res vindicetur , ſi conſumpta ſit condicatur, quatenus locupletior quis eorum factus eſt. L. ſi ſponſus 3. §. alt. ff. don inter vir. & ux.

n. Si ex centum quæ vir uxori donavit quinquaginta duplicata apud debitorem perierint , ex his & alia quinquaginta duplicata uxor habet, non plus quinquaginta ejus donationis nomine maritus ab eo conſequentur. L. quid ergo 16. ff. de donat. inter vir & ux.

CHAPITRE VIII.

DE L'USUFRUIT.

SECTION PREMIERE.

Loix Civiles
1. part. livre
I. tit. 11. sect.
1.

De la nature de l'usufruit & des droits de l'Usufruitier.

SOMMAIRES.

1. *Définition de l'usufruit.*
2. *Comment se constitue l'usufruit.*
3. *L'usufruit n'empêche pas le propriétaire de disposer de la propriété.*
4. *Termes désignans un droit d'usufruit.*
5. *Le mot usufruit est quelquefois employé par erreur pour signifier la propriété qui appartient au grevé de substitution.*
6. *Usufruit de portion divise & indivise.*
7. *L'usufruitier est tenu de souffrir les servitudes dont est chargé l'héritage.*
8. *L'usufruitier ne peut pas abbatre les bois de haute futaye.*

I.

LE terme d'*usufruit* emporte avec lui sa définition ; c'est le droit de jouir des revenus d'un bien dont on n'est pas propriétaire. [a]

(a) Fructus est jus alienis rebus utendi, fruendi salvâ eorum substantiâ. *L. ususfructus* 1. *ff. de usufructu.*

II.

L'usufruit se constitue de différentes façons, ou à titre onereux comme un contrat de vente ou autre semblable, ou à titre lucratif comme le legs, la donation. Quelquefois on stipule dans un acte contenant partage des biens d'une succession, que la nûe propriété appartiendra à un des cohéritiers & l'usufruit à un autre. Il y a plusieurs autres façons de constituer un usufruit. (b)

(b) Ususfructus pluribus modis constituitur, ut si legatus fuerit, sed & proprietas deducto usufructu legari potest , ut apud hæredem maneat ususfructus. Constituitur adhuc ususfructus & in judicio familiæ erciscundæ, & communi dividundo, si judex alii proprietatem adjudicaverit, alii ususfructum. *L. ususfructus* 6. *suppra & § 1. ff. de usufructu.*

III.

Comme l'usufruit ne consiste que dans le droit de jouir des revenus, ce droit ne peut pas empêcher celui auquel la nûe propriété appartient de vendre , aliener , échanger ou hypotequer la nûe propriété. (c)

(c) Verbis testamenti quæ precibus inseruisti usumfructum tibi legatum animadvertimus, quæ res impedit proprietatis dominum obligare creditori proprietatem , manente scilicet integro ususfructu tui juris. *L. verbis* 2. *cod. de usufructu.*

IV.

Si un testateur a ordonné par
son

son testament à son héritier de laisser jouir un tiers des revenus qui pourront être perçus chaque année, cette disposition est un legs d'usufruit. (*d*)

(*d*) Si quis ita legaverit fructus annuos fundi Corneliani Gayo Mœvio do, lego, perinde accipi debet hic sermo ac si ususfructus fundi esset legatus. *L. si quis* 20. *ff. de usufructu.*

V.

Quelque différence qu'il y ait entre la propriété & le simple usufruit, on confond souvent ces expressions, comme n'ayant qu'une seule & même signification. Cela arrive principalement dans les matieres de substitution, dans lesquelles on appelle souvent usufruit le droit qui appartient au grevé de substitution, quoique ce droit soit une véritable propriété ; c'est pourquoi lorsqu'on trouve dans un testament ce terme *usufruit*, il faut examiner avec soin quelle a été l'intention du testateur ; s'il n'a voulu ne leguer qu'un simple usufruit, ou si au contraire il a voulu leguer la propriété avec charge de substitution, il faut plùtôt suivre l'intention du testateur que de s'attacher à la lettre d'une clause conçue dans des termes dont le testateur paroit n'avoir pas connu la véritable signification. (*e*)

(*e*) Species auri & argenti Seiæ legavit, & ab eâ petiit in hæc verba, à te Seia peto ut quid tibi specialiter in auro & argento legavi, id cum morieris, reddas, restituas, illi & illi servis meis, quarum rerum ususfructus dum vives tibi lusficier, quæsitum est an ususfructus auri & argenti solus legatariæ debeatur. Respondit verbis quæ proponerentur proprietatem legatam adsito onere fideicommissi. *L. species* 15. *ff. de auro & argento.*

VI.

L'usufruit peut avoir lieu pour une portion divise ou indivise. (*f*)

(*f*) Ususfructus & ab initio pro parte indivisâ vel divisâ constitui potest. *L. ususfructus* 5. *ff. de usufructu.*

VII.

L'usufruitier n'a pas le droit d'abattre les bois de haute-futaye. (*g*)

(*g*) Sed si grandes arbores essent, non posse eas cædere. *L. sed* 11. *ff. de usufructu.*

VIII.

L'usufruitier doit souffrir toutes les servitudes imposées sur l'héritage dont il a l'usufruit, lorsque ces servitudes ont été imposées avant la constitution de l'usufruit. (*h*)

(*h*) Si qua servitus imposita est fundo, necesse habebit fructuarius sustinere. *L. si pendentes* 27. §. *si qua* 4. *ff. de usufructu.*

SECTION II.

Des engagemens de l'usufruitier & de l'usager envers le propriétaire.

SOMMAIRES.

1. *L'usufruitier doit jouir comme un bon pere de famille.*
2. *Usufruit d'un batteau ou d'un vaisseau.*
3. *Charges que doit payer l'usufruitier.*

I.

L'Usufruitier doit jouir comme un bon pere de famille. (*a*)

(*a*) Sed si lapidicinas habeat & lapidem cædere velit, vel cretifodinas habeat vel arenas, omnibus his uti tum Sabinus sic quasi bonum patrem-familias, quam sententiam puto veram. *L. item* 9. §. *sed si* 2. *ff. de usufructu.*

II.

Celui qui a l'usufruit d'un vaisseau ou d'un batteau, doit s'en servir pour l'usage auquel il est destiné. Le propriétaire ne peut pas empêcher l'usufruitier de l'employer à cet usage, quoiqu'il y ait à craindre un naufrage. (b)

(b) Navis usufructu legato navigandum mittendam puto, licet naufragii periculum immineat, navis etenim ad hoc paratur ut naviget. L. arboribus 12. §. navis 1. ff. de usufructu.

III.

L'usufruitier doit payer tous les arrérages de cens, rentes & autres semblables charges échûs pendant que l'usufruit a lieu, à moins que le contraire n'ait été stipulé par le titre constitutif de l'usufruit. (c)

(c) Usufructu relicto si tributa ejus rei praestentur, ea usumfructuarium praestare debere dubium non est, nisi specialiter nomine fideicommissi testatori placuisse probetur, haec quoque ab haerede dari. L. usufructu 52. de usufructu.

Loix Civiles 1. part. livre 1. titre 11. sect. 5.

SECTION III.

Des engagemens du propriétaire envers l'usufruitier & envers l'usager.

SOMMAIRE.

1. Le propriétaire ne pas faire démolir les bâtimens dont un tiers a l'usufruit.

I.

L'Orsqu'il y a des bâtimens élevés sur un fonds dont l'usufruit appartient à un tiers, le propriétaire ne peut pas les faire démolir sans le consentement de l'usufruitier. (a)

(a) Haeres in fundo cujus ususfructus legatus est, villam posuit. Eam invito fructuario demolire non potest: nihilo magis quam si quam arborem posuisset ex fundo is evellere vellet. L. haeres 12. ff. de usu & usufructu.

Loix Civiles 1. part. livre 1. tit. 11. sect. 6.

SECTION IV.

Comment finissent l'usufruit, l'usage & l'habitation.

SOMMAIRES.

1. L'usufruit n'est que pour un tems.
2. La mort du propriétaire ne produit pas l'extinction de l'usufruit.
3. Le changement de propriétaire par autre cause que par la mort, n'anéantit pas l'usufruit.
4. Si l'usufruit n'a été donné que pour un tems, il finit après ce tems.
5. L'usufruit finit-il si l'héritage est pris par les ennemis?
6. L'usufruit legué à une ville, finit si la ville est détruite.
7. Comment finit le droit d'usage?
8. Comment finit le droit d'habitation?

I.

LE droit du propriétaire d'un héritage chargé d'usufruit seroit un droit bien stérile si l'usufruit étoit perpetuel, c'est pourquoi les Loix ont voulu que l'usufruit cessât dans plusieurs cas qu'elles ont marqués. (a)

(a) Ne tamen in universum inutiles essent proprietates semper abscedente usufructu placuit certis modis extingui usumfructum, & ad proprietatem reverti. L. omnium 3. §. ne tamen 2. ff. de usufructu.

II.

L'usufruit ne finit pas par la mort du propriétaire (b), à moins que cela n'ait été ainsi stipulé dans le titre constitutif de l'usufruit.

(b) Usufructuario autem superstite, licet Dominus proprietatis rebus humanis eximatur, jus utendi fruendi non tollitur,

L. si patri 3. §. *usufructuario* 1. ff. cod.
de usufructu.

I I I.

L'usufruit ne finit pas non plus
par la mutation arrivée en la personne du propriétaire par autre
cause que par la mort. (c)

[c] Neque ususfructus neque iter adul-
ve Dominii mutatione amittitur. *L. neque*
19. ff. *quibus modis ususfructus.*

I V.

Si l'usufruit n'a été donné que
pour un tems, il finit lorsque ce
tems prescrit est expiré ; ainsi par
exemple si l'usufruit n'a été laissé
que pour jouir par l'usufruitier pendant la minorité du propriétaire,
l'usufruit finit lorsque le propriétaire est parvenu à l'âge de majorité. (d)

(d) Si pater usumfructum prædiorum in
tempus vestræ pubertatis matri vestræ reliquit, finito usufructu postquam vos ado-
levistis posterioris temporis fructus per-
ceptos ab eâ repetere potestis, quos nullâ
ratione sciens de alieno percepit. *L. si pater* 5. cod. de usufructu.

Si dans l'espece de cette Loi les
enfans propriétaires étoient morts
avant l'âge de puberté, la mere seroit en droit de jouir de l'usufruit
jusqu'au temps où les enfans auroient atteint l'âge de puberté s'ils
avoient vécu.

V.

Si l'héritage chargé d'usufruit est
pris par les ennemis, le droit de l'u-
sufruitier n'est pas éteint, il est pour
ainsi dire en suspens, & si l'héritage est rendu dans la suite par l'enne-
mi, ou conquis sur lui, le droit de
l'usufruitier rentrera dans toute sa
force comme celui du proprietaire. (e)

(e) Si ager ab hostibus occupatus, ser-
vulve captus liberatus fuerit, jure postli-
minii restituetur ususfructus. *L. si ager* 26.
ff. *quibus modis ususfructus.*

V I.

Quand l'usufruit appartient à
une ville, il finit si la ville est détruite (f) ; il ne pourroit pas revivre si on en rebâtissoit une au
même endroit, parce que ce ne seroit plus la même ville, mais une
nouvelle.

(f) Si ususfructus civitati legetur, &
ararum in eâ inducatur, civitas esse desinit, ut passa est Chartago, ideoque quasi
morte desinit habere usumfructum. *L. si
ususfructus* 21. ff. quibus modis ususfructus.

V I I.

Le droit d'usage finit de même
que le droit de l'usufruit. [g]

(g) Quibus autem modis ususfructus &
constituit & finitur, iisdem modis etiam nu-
dus usus solet & constitui & finiri. *L. sententiam* 3. §. *quibus* 3. ff. de usufructu.

V I I I.

Le droit d'habitation finit par la
mort de celui auquel ce droit appartient. (h)

(h) habitatio morte finitur. *L.* 11. cod.
de usufructu.

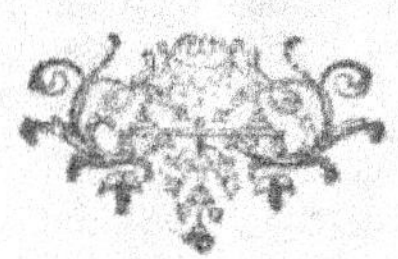

CHAPITRE IX.

DES SERVITUDES.

SECTION PREMIERE.

De la nature des servitudes, de leurs espèces & comment elles s'acquièrent.

SOMMAIRES.

1. *Premiere division des servitudes.*
2. *Seconde division.*
3. *La servitude peut ne subsister que pour une portion du fonds.*
4. *Un droit de servitude peut s'établir par un contrat de vente.*
5. *Peut-on imposer un droit de servitude sur un héritage qui n'est pas voisin du sien ?*
6. *Celui qui se réserve un droit de servitude par un contrat de vente, doit exprimer quelle espèce de servitude il entend se réserver.*
7. *Servitude présumée réservée par le contrat de vente.*
8. *L'acquereur d'un héritage ne peut prétendre aucun droit de servitude sur l'héritage de son vendeur si ce droit n'est établi bien précisément.*
9. *Le légataire n'a aucun droit de servitude sur les héritages de la succession, si ce droit n'est établi par le testament.*
10. *Servitude pour une certaine heure.*
11. *L'acquereur d'un héritage chargé d'un droit de servitude, doit laisser jouir de ce droit celui auquel il est dû.*
12. *Changemens faits contre le droit de servitude.*

I.

ON distingue deux espèces de servitudes, celles qui sont dûes aux maisons & autres bâtimens, & celles qui sont dûes aux héritages de la campagne, autres que les maisons & bâtimens. Les premieres s'appellent en droit servitudes urbaines, & les autres servitudes rustiques. Je mets les servitudes dûes aux maisons & bâtimens de la campagne dans la premiere classe, parce que la qualité de la servitude ne se détermine pas par la situation de l'héritage auquel la servitude est dûe, mais par la nature de cet héritage. [a]

[a] Eodem numero sunt jura prædiorum urbanorum & rusticorum, quæ etiam servitutes vocantur. *Inst. de rebus corporal. & incorporalibus.*

Ædificia urbana quidem prædia appellamus; cæterum & si in villâ ædificia sint æquè servitutes urbanorum prædiorum constitui possunt. *L. ædificia 1. in prin. ff. communia prædiorum.*

Prædium rusticum vel suburbanum, quod ab urbanis non loco sed qualitate decernitur. *L. si prædium 16. eod. de prædiis & aliis rebus.*

II.

On peut aussi donner une autre division des servitudes, & dire que les unes sont pour le fonds, & les autres pour la superficie [b]; ainsi le le droit d'appuyer mon bâtiment sur le mur de mon voisin, est un droit de servitude dûe à la superficie ; il en de même du droit de décharge des eaux d'un toit ou de toutes autres servitudes semblables. [c] Un droit de passage ou autre droit dû à un héritage de la campagne, est une servitude dûe au fonds. [d] Les servitudes urbaines sont celles qui sont dûes à la superficie, & les servitudes rustiques sont celles qui sont dûes au fonds.

(b) Servitutes prædiorum aliæ in solo, aliæ in superficie consistunt. *L. servitutes* 3. *ff. de servitutibus.*

(c) Servitutes quæ in superficie consistunt, possessione retinentur. Nam si forte ex ædibus meis in ædes tuas tignum immissum habuero hoc ut immissum habeant per causam tigni possideo habendi consuetudinem. Idem eveniet etsi mœnianum in tuum immissum habuero, aut stillicidium in tuum projecero, quia in tuo aliquid utor, & sic quasi facto quodam possideo. *L. servitutes* 20. *in pro. ff. de servitutibus Urbanarum.*

(d) Certo generi agrorum acquiri servitus potest, veluti vineis quod ea ad solum magis quam ad superficiem pertinet. *L. certe* 13. *ff. de servit. præd. rust.*

III.

Un droit de servitude peut n'avoir lieu que pour une partie d'un fonds ; ainsi je puis avoir droit de décharge des eaux pluviales pour une portion de ma maison, & ne l'avoir pas pour le surplus ; dans ce cas je suis obligé de construire mon toit, ou de mettre mes goutieres de façon que mon voisin ne reçoive que les eaux qui tomberont sur la partie de ma maison pour laquelle j'ai droit de servitude. (e)

(e) Ad certam partem fundi servitus tam remitti quam constitui potest. *L. ad certam* 6. *ff. de servit.*

IV.

Un droit de servitude peut s'établir par toute sorte de titres, comme donation, vente, échange ou autrement On stipule souvent dans un contrat de vente que l'héritage vendu demeurera chargé d'un droit de servitude envers un autre héritage appartenant au vendeur, ou que l'héritage qui n'est pas vendu demeurera chargé d'un droit de servitude envers l'héritage vendu. (f)

(f) Duorum prædiorum Dominus si alterum eâ lege tibi dederit ut id prædium quod datur, serviat ei quod ipse retinet, vel contra, jure imposita servitus intelligitur. *L. duorum* 3. *ff. communia prædiorum.*

V.

Un droit de servitude peut être dû sur un héritage qui n'est pas voisin de celui auquel la servitude est dûe : il est vrai que l'héritage qui se trouve entre celui qui doit la servitude, & celui auquel elle est dûe, n'étant pas chargé de ce droit, le propriétaire de l'héritage auquel la servitude est dûe, pourra se trouver dans l'impossibilité de jouir de son droit ; mais cette circonstance n'empêche pas que le droit de servitude n'existe réellement, parce qu'il peut arriver que dans la suite le droit de servitude s'acquiere sur l'héritage qui séparoit les deux premiers. Si le propriétaire d'une maison a droit d'empêcher que le propriétaire d'une autre maison qui n'est pas contigue à la sienne, éleve son bâtiment, ce droit de servitude ne pourra s'exércer dans le cas où la maison qui sépare celle qui doit la servitude, de celle à laquelle elle est dûe, seroit plus élevée que celle qui doit la servitude ; il sera, pour ainsi dire, en suspens tant que l'exhaussement de la maison qui ne doit pas la servitude subsistera, & reprendra sa force, si cette maison est détruite. (h)

M

(*h*) Interpositis quoque alienis ædibus imponi potest, veluti ut altius tollere, vel non tollere, liceat. Vel etiam si iter debeatur, ut ita convalescat si mediis ædibus servitus postea imposita fuerit. *L. in tradendis 7. §. interpositis 1. ff. communia prædiorum.*

Si cui omnino altius tollere non liceat, adversus eum recte agetur jus ei non esse tollere. Hæc servitus & ei qui ulteriores ædes habet, deberi poterit. Et ideo si inter meas & Titii ædes tuæ ædes intercedant, possum Titii ædibus servitutem imponere, ne liceat ei altius tollere, licet tuis non imponatur; quia donec tu non extollis, est utilitas servitutis etsi forte qui medius est, quia servitutem non debebat, altius extulerit ædificia sua, ut jam ego non videar luminibus tuis obstaturus, si ædificavero frustra intendes jus mihi non esse ita ædificatum habere invito re, sed si intra statutum tempus rursus deposuerit ædificium suum vicinus, renascetur tibi vendicatio. *L. loci 4. §. si cui 8. l. & idea 5. & l. etsi forte 6. in ppio. ff. si servitus vindicetur.*

VI.

Lorsque dans un contrat de vente le vendeur se reserve un droit de servitude sur l'héritage vendu, il doit désigner quelle espece de servitude il entend reserver. S'il n'a pas eu la précaution de la désigner, il n'est pas le maître d'imposer telle servitude qu'il souhaitera. (*g*) L'acquereur doit avoir la liberté d'opter.

(*g*) In trahendis unis ædibus ab eo qui binas habet species servitutis, exprimenda est, ne si generaliter servire dictum erit, aut nihil valeat, quia incertum sit, quæ servitus excepta sit, aut omnis servitus imponi debeat. *L. in tradendis 7. in ppio. ff. communia prædiorum.*

VII.

Il y a des cas où un vendeur a un droit de servitude sur l'héritage qu'il a vendu, quoiqu'il ne se la soit pas réservée expressément: ainsi si je vends un héritage, & que par le contrat je me réserve une portion de ce même fonds, cette réserve emporte avec elle le droit de servitude sur l'héritage vendu; si je ne puis pas aller à la portion réservée sans passer sur l'héritage vendu, l'acquereur sera obligé dans ce cas de me livrer un passage. (*i*)

(*i*) Si venditor fundi exceperit locum sepulchri ad hoc ut ipse posterique ejus illo inferrentur, si via uti prohibeatur, ut mortuum suum inferret agere potest. Videtur enim etiam hoc exceptum inter ementem & vendentem, ut ei per fundum sepulturæ causa ire liceret. *L. si venditor 10. ff. de religiosis & sumptibus.*

VIII.

Hors ces cas de nécessité absolue on ne peut pas prétendre un droit de servitude; ainsi un acquereur n'a aucun droit de servitude sur l'héritage de son vendeur, si ce droit ne lui a été accordé bien précisément par le contrat de vente.

IX.

Le légataire d'un héritage ne pourroit pas non plus prétendre aucun droit de servitude sur les héritages de la succession, si le testateur ne l'avoit ainsi ordonné par une disposition précise de son testament. (*k*)

(*k*) Si quis binas ædes habeat, aliarum usumfructum legaverit, posse hæredem Marcellus scribit alteras altius tollendo obscurare luminibus quoniam habitari potest etiam obscuratis ædibus *L. 30. ff. de usufructu & quemadmodum quis utatur fruatur.*

X.

Le droit de servitude doit se regler par les titres qui l'établissent; si les titres portent que la servitude ne sera que dans de certains tems de l'année, il faudra s'y conformer: il en seroit de même si les titres restraignoient le droit à certaines heures de la journée. (*l*)

(*l*) Usus servitutum temporibus secerni potest, forte ut quis post horam tertiam usque in horam decimam eo jure utatur, vel ut alternis diebus utatur. *L. via 5. ff. de servitutibus.*

Si diurnarum aut nocturnarum horarum aquæ ductum habeam, non possum aliâ horâ ducere, quam quâ jus habeam ducendi. L. si diurnarum 2. ff. de aquâ.

XI.

La servitude étant un droit réel sur le fonds, celui auquel ce droit appartient, est en droit d'en jouir nonobstant la vente faite par le propriétaire de l'héritage chargé de ce droit (m)

(m) Et in provinciali prædio constitui aquæ ductus vel aliæ servitutes possunt, si ea præcesserint quæ servitutes constituunt: tueri enim placita inter contrahentes debent, quare non ignorabis si priores possessores aquam duci per prædia prohibere jure non potuerint, cum eodem onere perferendæ servitutis transire ad emptores eadem prædia posse. *L. & in 3. cod. de servitutibus.*

XII.

Le propriétaire de l'héritage qui doit la servitude, ne doit rien faire qui puisse préjudicier à l'exercice de ce droit. (n)

(n) Si quid pars adversa contra servitutem ædibus tuis debitam injuriose extruxit Præses provinciæ revocare ad pristinam formam, damni etiam ratione habitâ pro suâ gravitate curabit. *L. 4. cod. de serv.*

SECTION II.

Des servitudes des héritages de la campagne.

SOMMAIRES.

1. *On ne peut pas passer sur le fonds de son voisin, si on n'a pas droit de servitude sur ce fonds.*
2. *Des chemins publics.*
3. *L'eau appartient à celui dans le fonds duquel se trouve la source.*
4. *L'eau d'un ruisseau appartient à ceux qui en ont toujours joui, quand il n'y a pas de titre au contraire.*
5. *Le droit de prendre de l'eau peut être accordé à différentes personnes.*
6. *Droit de chercher de l'eau dans un fonds pour la conduire dans un autre.*
7. *Causes du droit de prendre de l'eau.*

I.

POur passer sur le fonds de son voisin, il faut avoir un titre qui donne ce droit. (a)

(a) Per agrum quidem alienum qui servitutem non debet, ire vel agere vicino minime licet. *L. per agrum 11. cod. de servitutibus.*

II.

Il n'en est pas de même des chemins publics ; chacun a droit d'y passer. (b)

(b) Uti autem viâ publicâ nemo recte prohibetur. *L. per agrum 11. cod. de servitutibus.*

III.

Lorsqu'il se trouve une source d'eau dans une piece de terre, l'eau qui en provient appartient au propriétaire de cette piece de terre, & personne ne peut l'en priver, si ce n'est en vertu de quelque titre particulier. (c)

(c) Præses provinciæ usu aquæ quam ex fonte juris tui profluere allegas, contra statutam consuetudinis formam carere te non permittet, cum sit durum & crudelitati proximum ex tuis prædiis aquæ agmen ortum sitientibus agris tuis ad aliorum usum vicinorum injuriâ propagari. *L. Præses 6. cod. de servitutibus.*

IV.

A l'égard de l'eau d'un ruisseau, elle doit appartenir à ceux qui en ont toujours joui, à moins qu'il n'y ait titre au contraire. (d)

(d) Si manifesté doceri possit jus aquæ

ex vetere more atque observatione certa
loca profluenti utilitatem certis fundis
irrigandi causâ exhibere , procurator
noster ne quid contra veterem formam
atque solemnem morem innovetur pro-
videbit. L. *si manifeste* 7. *cod. de servi-*
tutibus.

V.

Le droit de prendre de l'eau dans
un même endroit , ou de la con-
conduire par le même canal, peut
être accordé à differentes personnes.
Lorsque ce droit est accordé à différentes personnes , on peut convenir que chacun de ceux ausquels
le droit a été accordé , en jouira à
differens temps. (e)

(e) Aquaductus & haustus aquæ , per
eumdem locum ut ducatur , etiam pluribus concedi potest ; potest etiam ut diversis horis vel diebus ducatur. L. *rusti-*
corum 2. §. *aquaductus* 1. *ff. de servit.*
præd. rust.

VI.

On peut aussi avoir le droit de
chercher de l'eau dans le fonds d'autrui, & de la conduire dans son héritage après l'avoir trouvée : ce droit
est une servitude sujette aux mêmes Loix que les autres servitudes. [f]

(f) Labeo ait talem servitutem constitui posse , ut aquam quærere , & inven-
tam ducere liceat. Nam si liceat nondum
ædificato ædificio servitutem constituere,
quare non æque liceat nondum inventâ
aquâ eamdem constituere servitutem , &
siut quærere liceat cedere possumus, etiam
ut inventâ ducatur cedi potest. L. *Labeo*
10. *ff. de servit. præd. rust.*

VII.

Le droit de prendre de l'eau
dans le fonds d'autrui, peut avoir
différentes causes : quelquefois c'est
pour arroser un champ , quelquefois pour abreuver des bestiaux ,
souvent pour le seul agrément. (g)

(g) Hoc jure utimur ut etiam ad irri-
gandum , sed pecoris causâ vel amœni-
tatis aqua duci possit. L. *hoc jure* 3. *in ppio.*
ff. de aquâ.

SECTION III.

Loix Civiles 1. part. livre 1. tit. 13. sect. 6.

Comment finissent les servitudes.

SOMMAIRES.

1. *Servitude dûe à une certaine espece*
d'héritage.
2. *La servitude n'a plus lieu lorsque*
la même personne est propriétaire
de l'héritage qui doit la servitude
& de celui auquel elle est dûe.
3. *La servitude peut-elle subsister pour*
un autre héritage qui se trouve en-
tre les deux ?
4. *La servitude finit-elle si le proprié-*
taire de l'héritage auquel la servi-
tude est dûe, a permis de changer l'é-
tat des lieux ?
5. *La servitude finit-elle quand le*
mari est propriétaire de l'héritage
servant, & la femme de celui au-
quel la servitude est dûe & vice
versâ ?
6. *Le droit de servitude se conserve*
par la jouissance de celui qui n'est
pas propriétaire.

I.

Lorsque dans le titre constitutif de la servitude l'héritage
est chargé envers des héritages d'u-
ne certaine nature, il faut examiner quelle a été l'intention des parties , si on n'a marqué la nature des
héritages que dans la seule vûe de désigner plus particulierement le fonds
pour raison duquel la servitude seroit due , ou si c'est la superficie
qu'on a voulu désigner. Dans le premier cas la servitude est perpetuelle
& subsiste, quoique le fonds change
de nature ; ainsi par exemple si le
titre constitutif de la servitude por-

te que le propriétaire d'un fonds désigné dans l'acte, & déclaré être en terres labourables, aura droit de passage sur un autre fonds, ce droit de passage subsistera quand le fonds seroit mis en pré ou en vignes, parce que la mention des terres labourables paroit n'avoir été faite que pour désigner plus particulierement le fonds, & non pour restraindre le droit de servitude; mais s'il paroit par l'acte que la servitude a été établie plutôt pour une certaine espece de superficie que pour le fonds, la servitude finira si la superficie est changée. Je suppose que dans le contrat constitutif de la servitude il ait été stipulé que le droit de passage seroit accordé pour transporter la vendange & pour le tems des vendanges seulement, ce droit de passage paroit dans ce cas n'avoir été accordé que pour l'espece de superficie qui existoit lors de la création de la servitude; c'est pourquoi si les vignes sont arrachées, & si on met le fonds en terres labourables, la servitude ne subsistera plus. (a) Cependant elle ne sera pas totalement perdue; le propriétaire pourra en jouir en remettant le fonds dans son premier état.

(a) Certo generi agrorum acquiri servitus potest, velut vineis, quod ea ad solum magis quam ad superficiem pertinet, ideo sublatis vineis servitus manebit; sed si in contrahendâ servitute aliud actum erit, doli mali exceptio erit necessaria. *L. certo 3. in ppio. de servit. prœd. rust.*

II.

Personne ne peut avoir un droit de servitude sur son propre héritage; c'est pourquoi lorsque les deux héritages se trouvent dans la main de la même personne, la servitude finit; mais si le propriétaire de l'héritage auquel la servitude est dûe étoit héritier du propriétaire de l'héritage servant, & qu'il eût vendu tous ses droits dans cette succession, la servitude ne seroit pas éteinte; l'héritier auroit les mêmes droits sur l'héritage qu'il auroit eu s'il n'avoit pas accepté la succession. (b)

(b) Si ei cujus prædium mihi serviebat hæres extiti, & eam hæreditatem tibi vendidi, restitui in pristinum statum servitus debet, quia id agitur ut quasi tu hæres videris extitisse. *L. si ei 9. ff. communis prædiorum.*

Et si servitutes amisit hæres institutus aditâ hæreditate, ex vendito poterit experiri adversus emptorem ut servitutes ei restituantur. *L. venditor 2. §. etsi 19. ff. de hæred. vel act. vend.*

III.

La réunion des deux héritages dans la main d'une même personne, ne peut produire l'extinction de la servitude que pour ce qui regarde les deux héritages entr'eux, mais cette réunion n'anéantit pas un droit de servitude dû sur un autre héritage; ainsi si je suis propriétaire d'un héritage qui est au bas d'une montagne, & que j'aye un droit d'aqueduc ou de passage sur deux héritages joignans & au-dessus du mien, l'acquisition que je ferai de l'héritage le plus élevé, anéantira à la vérité mon droit de servitude sur l'héritage acquis, mais mon droit subsistera en entier sur l'autre. (c)

(c) Tria prædia continua trium Dominorum adjecta erant. Uni prædii Dominus ex summo fundo imo fundo servitutem aquæ quæsierat, & per medium fundum duobus concedente in suum agrum ducebat. Postea idem summum fundum emit, deinde imum fundum in quem aquam induxerat vendidit. Quærtum est num unus fundus id jus aquæ amisisset, quia cum utraque prædia ejusdem Domini facta essent, ipsi sibi servire non possident, nec uti amisisse servitutem, quia prædium per quod aqua ducitur alterius fuisset, & quemadmodum servitus summo fundo ut in imum fundum aqua veniret, imponi aliter non potuisset, quam ut per medium quaque fundum duceretur, sic eadem servitus ejusdem fundi amitti, aliter non posset nisi eodem tempore etiam per medium fundum aquæ duci desiisset, aut omnia tria simul prædia unius Domini facta essent. *L. tria 31. ff. de serv. præd. rust.*

IV.

Le droit de servitude se perd lorsque le propriétaire de l'héritage auquel la servitude est dûe, a permis au propriétaire de l'héritage chargé du droit de servitude de changer la nature des lieux, de façon que le droit ne puisse pas être exercé : ce consentement est une remise du droit de servitude, & si l'héritage chargé du droit de servitude est remis dans la suite dans son premier état, le droit de servitude ne revit pas, à moins que dans l'acte contenant le consentement du propriétaire de l'héritage auquel la servitude est dûe, cela n'ait été ainsi stipulé. (d)

(d) Si stillicidii immittendi jus habeam in aream tuam, & permisero jus tibi in eâ areâ ædificandi, stillicidii immittendi jus amitto, & similiter si per tuam fundum via mihi debeatur, & permisero tibi in eo loco per quam via mihi debetur aliquid facere, amitto jus viæ. *L. stillicidii 8. in ppio. ff. quemadmodum servit.*

V.

Si les héritages de la femme sont chargés d'un droit de servitude envers ceux du mari, le droit de servitude est confondu pendant le mariage : il en est de même des héritages du mari chargés d'un droit de servitude envers ceux de la femme, mais après la dissolution du mariage la servitude reprend sa forme, & est dûe comme auparavant le mariage. (e)

(e) Cum uxor fundum cui prædia viri servitutem debebant in dotem dat, fundus ad maritum pervenit amissi servitute, & ideo non potest videri per maritum jus fundi deterius factum quid ergo est ? Officio de dote judicantis continebitur ut redintegratâ servitute jubeat fundum mulieri, vel hæredi ejus reddi. *L. si maritus 7. ff. de fundo dotali.*

VI.

Le droit de servitude est comme tous les autres droits sujet à la prescription : il se perd lorsque le propriétaire de l'héritage n'en a pas joui pendant le tems necessaire pour acquerir la prescription ; cependant si dans l'intervalle de ce tems l'héritage auquel la servitude est dûe, avoit été possedé par un tiers qui eût joui de ce droit, la possession de ce tiers, soit qu'elle fût de bonne foi, soit qu'elle fut de mauvaise foi, auroit conservé le droit de servitude. (f)

(f) Qui fundum alienum bonâ fide emit, itinere quod ei fundo debetur usus est, retinetur id jus itineris, atque etiam si precario aut vi dejecto Domino possidet, fundus enim qualiter se habet, ita cum in suo habitu possessus est, jus non deperit, neque refert justè necne possideat qui talem eum possidet. Quare fortius etsi aqua per rivum suâ sponte perfluxit, jus aquæ ducendæ retinetur. *L. qui fundum 14. ff. quemadmodum servitutes.*

CHAPITRE X.

DES TRANSACTIONS.

SOMMAIRES.

1. *Un malade peut transiger.*
2. *Les transactions sont-elles valables si elles ne sont pas rédigées par écrit ?*
3. *Les transactions doivent être exécutées.*
4. *Quid, si l'une des parties se retracte au moment de la transaction ?*
5. *La transaction est nulle, si toutes les parties en consentent la nullité ?*
6. *Comment doit s'entendre la renonciation à tous droits faite par une transaction ?*
7. *Transaction ne peut nuire qu'à ceux entre qui elle est faite.*

I.

IL n'est pas nécessaire pour la validité d'une transaction que les parties qui transigent soient en parfaite santé, il suffit qu'elles soient dans tout leur bon sens. (a) Si dans quelques occasions on a déclaré nulles des transactions faites par des malades, c'est parce que ces transactions faites à l'article de la mort étoient plutôt des donations que des transactions ; ce qui ne donne pas atteinte à ce principe, que le malade peut transiger lorsqu'il est sain d'esprit. Lorsqu'il s'eleve des contestations au sujet de pareilles transactions, le Juge doit examiner les circonstances dans lesquelles elles ont été passées.

(a) Sanum mente licet ægrum corpore recte transigere manifestum est, nec postulare debueras improba desideria placita rescindi valetudinis corporis adversa velamento. *L. sanum* 27. *cod. de transactionibus.*

II.

Il faut pour constater la vérité d'une transaction & les conventions des parties, que la transaction soit rédigée par écrit.

III.

Les transactions doivent être exécutées : on n'écouteroit pas en Justice celui qui voudroit faire revivre une contestation sur laquelle il autoit transigé. (b)

(b) Nullus etenim erit litium finis, si à transactionibus bonâ fide interpositis cœperit facilè discedi. *L. fratris* 10. *cod. de transactionibus.*
Caulas vel lites transactionibus legitimè finitas imperiali rescripto resuscitari non oportet. *L. causas* 16. *cod. de transactionibus.*

IV.

Celui qui a transigé ne peut pas annuller la transaction, quand il changeroit de sentiment au moment même de la transaction. (c)

(c) Quamvis eum qui pactus est statim pœniteat, transactio tamen rescindi & lis instaurari non potest, & qui sibi tantùm intra certum tempus licere à transactione recedere, talium tibi adseveravit. *L. quamvis* 39. *cod. de transactionibus.*

V.

Quelque faveur que puissent avoir les transactions, elles ne doivent être exécutées que lorsque l'une des deux parties en demande l'exécution. Si les deux parties se réunissent pour consentir à la nullité de la transaction, les parties seront remises dans le même état qu'elles étoient avant la transaction, & la contestation sur laquelle ils avoient transigé, pourra être jugée comme s'il n'y avoit aucune transaction. (*d*)

(*d*) Si diversa pars contra placitum agere nititur, æquitatis ratio suadet, refusâ pecuniâ cum & tu hoc desideras, causâm ex integro agi. *L. si diversa* 14. *cod. de transactionibus.*

V I.

Lorsque dans une transaction les parties renoncent à tous droits, actions ou prétentions, cette renonciation ne doit s'entendre que des droits relatifs à l'objet qui faisoit la matiere de la contestation : (*e*) ainsi quand j'ai demandé qu'un héritier fût condamné de me payer différentes sommes dont je soutenois être créancier de la succession, si je transige sur cette demande, & qu'au moyen d'une somme que l'héritier me paye je me desiste de ma demande, & renonce à tous droits,

prétentions & actions, ma renonciation ne peut s'entendre des droits, actions & prétentions que je puis avoir contre l'héritier pour raison de créances qui lui seroient personnelles.

(*e*) Si de certâ re pacto transactionis interposito hoc comprehensum erat, nihil ampliùs peti, etsi non additum fuerat eo nomine, de cæteris tamen quæstionibus integra permaneat actio. *L. si de certâ* 31. *cod. de transactionibus.*

V I I.

Une transaction ne peut faire de loi qu'entre ceux qui ont transigé ; elle ne peut pas préjudicier aux droits de ceux qui n'y on pas été parties. (*f*)

(*f*) Transactione matris filios ejus non posse servos fieri notissimi juris est. *L. transactione* 26. *cod. de transactionibus.*

Imperatores Antoninus & Verus rescripserunt privatis pactionibus non dubium est, non lædi jus cæterorum ; quare transactione quæ inter hæredem & matrem defuncti facta est, neque testamentum relectum videri posse, neque manumissis vel legatariis actiones suæ ademptæ. *L. Imperatores* 3. *in ppio. ff. de transactionibus.*

C H A P I T R E　XL.

DES COMPROMIS.

S E C T I O N　P R E M I E R E.

De la nature des compromis & de leurs effets.

S O M M A I R E S.

1. *Il faut avoir soin dans les compromis de nommer le tiers arbitre.*
2. *On peut interjetter appel d'une Sentence rendue par un arbitre.*
3. *Point de peine sans stipulation.*
4. *Peut-on stipuler une peine plus forte que la somme qui fait l'objet de la contestation ?*
5. *Peut-on se soustraire à la peine prononcée par le compromis, sous prétexte que*

la Sentence n'est pas favorable à celui qui veut la soutenir.

6. La peine a-t-elle lieu si l'arbitre n'a pas prononcé sur toutes les demandes?

7. A-t-elle lieu si l'arbitre ordonne quelque chose contre les bonnes mœurs?

8. Si l'arbitre n'a pas prononcé sur des demandes dont on ne l'avoit pas restreint, peut-on les former de nouveau sans se soumettre à la peine portée par le compromis?

9. Le droit de juger en qualité d'arbitre, est-il personnel?

I.

Il n'est pas nécessaire pour la validité d'un compromis dans lequel on s'en rapporte à la décision de deux personnes, de nommer un tiers; le seul inconvénient qui en peut résulter, est que les deux arbitres se trouvant d'avis différens, n'ayant pas un tiers pour les départager, ne pourront pas rendre de Sentence arbitrale: il est donc plus prudent lorsqu'on a choisi deux arbitres d'en nommer un troisième pour les départager en cas d'avis contraire; on doit même avoir soin de nommer ce tiers, & ne se pas contenter de donner aux arbitres la faculté de prendre un tiers, parce qu'il peut arriver que les arbitres soient divisés sur le choix du tiers. (a)

(a) Si in duos fueris se compromissum, ut si dissenserint tertium adsumant, puto tale compromissum non valere, nam in adsumendo poterit dissensio; sed si ita sit ut eis tertius adsumeretur Sempronius, valet compromissum, quoniam in adsumendo difficultas non possunt. *L. Item* 17. §. *si in duos* 5. *ff. de receptis qui arbitrium receperunt.*

Cette loi prise à la lettre, semble décider que le compromis est nul dans toute sorte de cas, soit que les deux arbitres soient de même avis, soit qu'étant de différent avis sur le fond des contestations, ils soient divisés sur le choix du tiers arbitre, ou se réunissent sur le choix de ce tiers arbitre; mais quand on fait attention au motif qui détermine le Jurisconsulte à décider que le compromis est nul, il est aisé de voir qu'il n'a entendu parler que du seul cas où les arbitres étant divisés sur le fond des contestations, le seroient aussi sur le choix du tiers arbitre.

II.

Celui qui a été condamné par une Sentence arbitrale, a le droit d'en interjetter appel comme d'une Sentence qui auroit été rendue par les Juges ordinaires. (b)

(b) Arbitro ad satisdationes praestandas constituto, si in alterutram partem iniquum arbitrium videatur, proinde ab eo atque à judicibus appellare licet. *L. arbitri* 9. *ff. qui satisdare.*

III.

Il est d'usage dans les compromis de stipuler une peine contre celui qui ne voudra pas acquiescer à la Sentence arbitrale; si la peine n'a pas été stipulée, elle ne peut pas avoir lieu. (c)

(c) Sed si poena non fuisset adjecta compromisso, sed simpliciter sententiae stari quis promiserit, incerti adversus eum erit actio. *L. Arcas* 2. §. 9. *sed si* 7. *ff. de receptis qui arbit.*

IV.

La peine stipulée contre celui qui refusera d'acquiescer à la Sentence arbitrale, peut être d'une somme plus forte que celle qui a donné lieu à la contestation sur laquelle les parties ont compromis. (d)

(d) Non distinguemus in compromissis, minor an major sit poena quam res de qua agitur. *L. cum distinguamus* 32. *ff. de receptis qui arb.*

V.

Quand il y a une peine stipulée par le compromis, celui qui interjette appel de la Sentence, est obligé de payer la somme à laquelle la peine a été fixée par le compromis : il ne pourroit pas s'en dispenser, sous prétexte que la Sentence préjudicieroit aux droits de celui qui voudroit en soutenir le bien jugé. (e)

(e) Cum pœna ex compromisso petitur, is qui committit damnandus est, nec interest an adversarii ejus interfuit, arbitri sententia stari necne. *L. cum pœna* 38. *ff. de receptis qui arbit. recep.*

V I.

Si dans le compromis il est dit que les arbitres prononceront en même tems sur toutes les demandes, celui qui refusera d'acquiescer à la Sentence, ne sera pas sujet à la peine stipulée par le compromis si les arbitres n'ont pas prononcé sur toutes les demandes soumises à leur décision, parce que les parties ne paroissent s'être soumises à la peine que sous la condition que les arbitres prononceroient en même tems sur toutes les demandes; cette stipulation étant sous condition, ne doit pas avoir lieu lorsque la condition n'est pas arrivée. (f)

(f) Labeo ait, si arbiter cum in promisso cautum esset ut eâdem die de omnibus sententiam diceret, & ut posset diem proferre; de quibusdam rebus dictâ sententiâ de quibusdam non dictâ diem protulit, valere prolationem dici, sententiæque ejus posse impunè non pareri, & Pomponius probat Labeonis sententiam quod & mihi videtur, quia officio in sententiâ functus non est. *L. Labeo* 25. *in pr. ff. de receptis qui arb. recep.*

V I I.

Si les dispositions de la Sentence arbitrale sont contre les bonnes mœurs, on peut en interjetter ap-

pel sans craindre d'être obligé de payer la peine stipulée par le compromis. (g)

(g) Non debent autem obtemperare litigatores, si arbiter aliquid non inhonestum jusserit. *L. quid* 21. §. *non debent* 7. *ff. de receptis qui arb. recep.*

Si in aliquem locum inhonestum adesse jusserit, puta in popinâ vel in lupanario, ut Vivianus ait, sine dubio impunè ei non parebitur, quam sententiam & Celsus libro secundo Digestorum probat. *L. quid* 21. §. *sed si* 11. *ff. de receptis arb. recep.*

V I I I.

S'il y a quelques demandes sur lesquelles l'arbitre n'ait pas prononcé, & que l'on puisse dire que l'obmission n'est pas un débouté tacite, mais qu'elle provient de ce qu'aucune des parties ne lui a remis de memoires sur ces demandes, on pourra les former de nouveau devant le Juge ordinaire sans s'exposer au payement de la peine stipulée par le compromis. (h)

(h) De rebus controversisque omnibus compromissum in arbitrium à Lucio Titio, & Mœvio Sempronio factum est, sed errore quædam species in petitionem à Lucio Titio deductæ non sunt, nec arbiter de his quicquam pronuntiavit. Quæsitum est an species omissæ peti possint, respondi peti posse, nec pœnam ex compromisso commicti. *L. de rebus* 43. *ff. de receptis qui arb. recep.*

I X.

Quand des parties ont nommé des arbitres, on ne peut en substituer d'autres, parce qu'on peut s'en rapporter à la décision d'une personne dont on connoît la science & la probité, & refuser de se soumettre à la décision d'un autre dont on ne connoît pas de même l'erudition. Il peut y avoir d'autres raisons légitimes de ne vouloir pour arbitres que ceux qu'on a choisis, & on n'est pas obligé de rendre compte des motifs qui engagent à refuser une personne pour arbitre. [1]

(1) In compromissis arbitrium personæ insertum personam non egreditur. *L. in compromissis* 45. *ff. de receptis qui arbit. recep.*

Loix Civiles t. post. livre 1. tit. 14. sect. 2.

SECTION II.

Du pouvoir & de l'engagement des arbitres, & qui peut être arbitre ou non.

SOMMAIRES.

1. *Les arbitres ne peuvent décider que les contestations sur lesquelles on a compromis, & qui existoient lors du compromis.*
2. *L'arbitre doit fixer les sommes dont il prononce la condamnation.*
3. *Il peut donner du tems pour le payement.*
4. *Il ne peut pas ordonner que la peine stipulée par le compromis n'aura pas lieu.*
5. *Personne ne peut être arbitre dans sa propre cause.*
6. *Un fils peut il être arbitre dans les causes dans lesquelles son pere est partie.*

I.

LEs arbitres n'ont d'autre pouvoir que celui qui leur est donné par le compromis, ainsi ils ne peuvent juger que les contestations sur lesquelles les parties ont compromis; d'où il suit que les arbitres ne pourroient pas prononcer sur des contestations qui ne sont survenues que depuis que les parties ont compromis. (a)

(a) De his rebus & rationibus & controversiis judicare arbiter potest quæ ab initio fuissent inter eos qui compromiserunt, nec quæ postea supervenerunt. *L. de his* 46. *ff. de receptis qui arb. recep.*

II.

Les arbitres doivent avoir soin de fixer par leur Sentence les sommes dont ils prononcent la condamnation. (b)

(b) Pomponius ait inutiliter arbitrum incertam sententiam dicere, ut quantum ei debes redde, divisioni vel ea stari placet, pro eâ parte quam creditoribus tuis solvisti accipe. *L. quid* 21. §. *Pomponius* 3. *ff. de receptis qui arb. recep.*

III.

Ils peuvent en prononçant la condamnation d'une somme dûe en vertu d'un billet ou autrement ordonner que la somme ne sera payable que dans un certain tems, quoiqu'il n'en soit fait aucune mention dans le billet ou autre acte en vertu duquel la condamnation est prononcée. (c)

(c) Solutioni diem posse arbitrum statuere puto. *L. quid* 21. §. *solutioni* 2. *ff. de receptis qui arb. recep.*

IV.

Les arbitres peuvent prononcer sur toutes les contestations soumises à leur décision, mais ils ne peuvent pas ordonner que la peine stipulée par le compromis n'aura pas lieu, parce que cette question n'est pas soumise à leur décision. (d)

(d) Si arbiter pœnam ex compromisso peti vetuerit, in libro trigesimo nono apud Pomponium scriptum habeo non valere, & habet rationem, quia non de pœna compromissum est. *L. quid* 21. §. *item* 4. *ff. de recept. qui arb. recep.*

V.

Personne ne peut être arbitre dans sa propre cause. (e)

(e) Si de re sua quis arbiter factus sit, sententiam dicere non potest, quia se facere jubeat, aut facere prohibeat, neque ei tam imperare sibi, neque se prohibere, qui...

quam potest. *L. si de re 51. ff. de recep. qui arb. recep.*

Generali lege decernimus neminem sibi esse judicem vel jus sibi dicere, in re enim propriâ iniquum admodum est, alicui licentiam tribuere sententiæ. *L. unicâ, cod. ne quis in suâ causâ.*

VI.

Un fils ne doit pas naturellement être arbitre dans une cause où son père a quelqu'intérêt ; cependant s'il a été choisi pour arbitre, & qu'il ait rendu sa Sentence, elle sera valable. (f)

(f) Quin etiam de re patris dicitur filium-familias arbitrum esse, nam & judicem eum esse posse plerisque placet, *L. Quin etiam 6. ff. de recep. qui arb. recep.*

CHAPITRE XII.

DES TUTEURS.

Loix Civiles
1. part. livre
3. tit. 7. sect.
1.

SECTION PREMIERE.

Des tuteurs & de leur nomination.

SOMMAIRES.

1. *Peut-on donner plusieurs tuteurs à une même personne?*
2. *Peut-on donner un tuteur à un absent?*
3. *Peut-on donner un tuteur à quelqu'un malgré lui?*
4. *A un muet?*
5. *A un sourd?*

I.

ON peut donner plusieurs tuteurs à une même personne. [a]

(a) Simul plures tutores dari possunt. *L. simul 23. ff. de tutoribus & curatoribus.*

II.

Il n'est pas nécessaire que celui auquel on nomme un tuteur, soit présent lors de la nomination ; on peut donner un tuteur à un absent. [b]

(b) Illud semper constitit Præsidem posse tutorem dare tam absentem quam præsentem, & tam præsenti quam absenti. *L. Illud 5. ff. de tutoribus & curatoribus.*

III.

On peut donner un tuteur à un mineur malgré lui. [c]

(c) Nec non ignoranti & invito. *L. nec non 6. ff. de tutoribus & curatoribus.*

IV.

Les mineurs qui outre la foiblesse de leur âge, ont quelqu'infirmité particuliere qui les rend encore plus incapables de vaquer à leurs affaires, ont plus besoin de tuteurs, ces infirmités ne pourroient pas servir de prétexte pour se dispenser de leur en donner ; ainsi on doit donner un tuteur à un mineur muet. [d]

(d) Muto itemque mutæ impuberibus tutorem dari posse verum est, sed an authoritas eis accommodari possit dubitatur.

tur. Et si potest tacenti, & muto potest ; est autem verius, ut Julianus libro vigesimo primo Digestorum scripsit, etiam tacentibus authoritatem posse accommodare. *L. muto 6. in ppio. ff. de tutelis.*

Vide la Loi *nec mandante 8. §. furioso 3. ff. de tutor. & & curat.* citée sur l'article suivant.

V.

Par la même raison on doit donner un tuteur à un mineur qui est sourd. (e)

(e) Surdo impuberi poterit tutor dari. *L. muto 6. §. surdo 2. ff. de tutelis.*

Furioso & furiosae, & muto & surdo tutor vel curator à Prætore vel Præside dari poterit. *L. nec mandante 8. §. furioso 3. ff. de tutoribus. & curat.*

Loix Civiles 1. part. livre 2. titre 1. sect. §.

SECTION II.

Du pouvoir des tuteurs.

SOMMAIRES.

1. *Quelles dépenses le tuteur peut-il faire ?*
2. *L'autorité du tuteur est-elle nécessaire pour la validité des actes passés par les mineurs ?*
3. *Si le tuteur étoit aveugle, son autorité seroit-elle nécessaire ?*
4. *Le tuteur peut-il être obligé d'autoriser son mineur ?*
5. *Quand il y a plusieurs tuteurs, l'autorité d'un seul est-elle suffisante ?*
6. *L'autorité du tuteur est-elle nécessaire dans les obligations conditionnelles ?*

I.

LE tuteur doit avoir soin des affaires du mineur comme des siennes propres: s'il fait des dépenses folles ou inutiles, il ne peut demander que le mineur soit tenu de les lui allouer dans le compte de tutelle ; ainsi si un tuteur faisoit des présens de noces à la mere de son mineur, cette dépense ne lui seroit pas allouée, parce que c'est là une dépense inutile. (a) Il n'en seroit pas de même des alimens que le tuteur auroit fournis à la mere de son mineur ; cette dépense lui seroit allouée dans son compte, si la mere se trouvoit dans un état d'indigence, & si le mineur avoit un revenu suffisant pour fournir ces alimens, car il faut que ces deux circonstances concourent. (b)

(a) Si munus nuptiale matri pupilli miserit, non eum pupillo imputaturum Labeo scripsit, nec perquam necessaria est ista muneratio. *L. prima §. sed si 5. ff. de tut. & rationibus dist.*

(b) Si matrem pupilli aluit tutor, putat Labeo imputare eum posse, sed est verius, non nisi per quam egenti dedit imputare eum oportere de largis facultatibus pupilli. Utrumque igitur concurrere oportet, ut & mater egena sit, & filius in facultatibus positus. *L. prima §. præterea 4. ff. de tut. & rat. dist.*

I I.

Le mineur est tellement sous la puissance de son tuteur, qu'il ne peut pas s'obliger sans son autorité ; mais comme l'autorité du tuteur n'est que pour l'avantage du mineur, les obligations qu'un tiers a contractées envers le mineur sont valables, quoique le mineur ait agi sans l'autorité de son tuteur. (c)

(c) Pupillus vendendo sine tutoris autoritate non obligatur, sed nec in emendo, nisi in quantum locupletior factus est. *L. pupil. 5. §. pupil. 1. de auth. & consil. tut.*

Obligari ex omni contractu pupillus sine tutoris autoritate non potest ; adquirere autem sibi stipulando, & per traditionem accipiendo, etiam sine tutoris authoritate potest. *L. obligari 9. in ppio. ff. de auth. & consil. tut.*

I I I.

Les infirmités du tuteur ne pourroient pas servir de prétexte pour faire valider l'obligation contractée par un mineur sans l'autorité de son tuteur : le mineur ne pouvant pas contracter sans l'autorité d'un tuteur, ne peut pas acquerir cette capacité par les infirmités de son tuteur. Si le tuteur est dans un tel état d'infirmité qu'il lui soit impossible de vaquer aux affaires du mineur, il faut nommer un autre tuteur à sa place. Si le tuteur étoit aveugle, il pourroit autoriser le mineur; ce n'est pas là une infirmité qui rende le tuteur incapable d'autoriser. [d]

(d) Etiam si tutor cæcus factus sit, author fieri potest. *L. etiam 16. ff. de auth. & conf. tut.*

I V.

Un tuteur ne peut pas être obligé d'autoriser le mineur; cependant si le refus du tuteur d'autoriser le mineur avoit causé quelque préjudice au mineur, le tuteur seroit garant de la perte que le mineur auroit soufferte. [e]

(e) Si tutor pupillo nolit author fieri, non debet eum Prætor cogere, primum quia iniquum est, etiamsi non expedit pupillo, authoritatem eum præstare, deinde etsi expedit, tutelæ judicio pupillus hanc jacturam, consequitur. *L. si tutor 17 ff. de auth. & conf. tut.*

V.

Quand il y a plusieurs tuteurs, l'autorité d'un seul suffit. [f]

(f) Pluribus tutoribus datis, unius authoritas sufficit. *L. cum 4. ff. de auth. & conf. tut.*
Si plures sint tutores, unius authoritas sufficit. *L. pupillus 5. in ppio. ff. de aut. & conf. tut.*

V I.

L'autorité du tuteur n'est pas moins nécessaire pour les obligations conditionelles que pour les obligations pures & simples. [g]

(g) Et si conditionalis contractus cum pupillo fiat, tutor debet pure author fieri. *L. et 58. ff. de auth. & conf. tut.*

SECTION III.

Des engagemens des tuteurs.

Loix Civiles
1. part. livre
1. titre 2. sect.
4.

SOMMAIRES.

1. *Qui doit avoir l'éducation des mineurs?*
2. *Dépenses pour l'éducation des mineurs.*
3. *Le tuteur est-il garant de l'insolvabilité des débiteurs?*
4. *Le tuteur qui a obtenu une remise des créanciers du mineur, est-il obligé d'en faire une semblable?*
5. *Le tuteur qui n'a pas employé l'argent du mineur en fonds, en doit-il les intérêts?*
6. *Un tuteur doit-il les intérêts lorsqu'il n'a pas trouvé de bons emplois?*
7. *Quid, si le tuteur a placé son argent?*
8. *Le tuteur peut-il devoir des intérêts après la majorité de celui dont il a été tuteur?*
9. *Un tuteur peut-il être tenu du fait de son cotuteur?*

I.

L'Education des mineurs appartient aux peres & meres, & à leur défaut aux tuteurs; il peut cependant y avoir des circonstances qui déterminent à refuser aux tuteurs, & même aux peres & meres l'éducation des mineurs. On doit avoir soin de ne pas confier l'éducation des mineurs à des personnes d'une vie dereglée; il y auroit à craindre que le mauvais exemple ne pût corrompre le mineur. [a]

(a) Si disceptemur ubi morari, ubi educari pupillum oporteat, causâ cognitâ, id Præsidem statuere oportebit. In causa cognitione evitandi sunt qui judiciis impulsari possunt intidiari. *L. si discrep- tetur 5. ff. ubi pupillus.*

II.

La dépense pour l'éducation des mineurs doit se regler suivant leurs facultés & leur âge. (*b*)

(*b*) Ad instructionem pupillorum vel adolescentium, pupillarum vel earum quæ intra vicesimum annum constitutæ sunt, solet decernere respectu facultatum & ætatis eorum qui instruuntur. *L. jus 3. §. idem 5. ff. ubi pupillus.*

III.

Le tuteur doit avoir soin de faire le recouvrement de ce qui est dû à son mineur ; s'il ne fait pas de poursuites contre le debiteur, il est garant de l'insolvabilité qui peut survenir. (*c*)

(*c*) Si tutor constitutus quos invenerit debitores non convenerit, ac per hoc minus idonei efficiantur, vel intra sex primos menses pupillares pecunias non collocaverit, ipse in debitam pecuniam & in usuras ejus pecuniæ quam non fœneravit convenitur. *L. si tutor 15. ff. de adm. & per. tut.*

IV.

Si le tuteur a obtenu de tous les créanciers du mineur une remise de partie de leurs créances, le tuteur est-il obligé de faire une pareille remise ? Si la remise n'avoit été faite que pour engager le mineur à accepter une succession chargée de plusieurs dettes, le tuteur seroit obligé de faire la même remise ; mais si la remise n'a pas été faite pour engager le mineur à accepter une succession, ou faire quelqu'autre acte semblable, le tuteur ne sera obligé de faire aucune remise. (*d*)

(*d*) Cum in eo esset pupillus ut ab hæreditate patris abstineretur, tutor cum plerisque creditoribus decidit ut certam portionem acciperent, idem curatores cum aliis fecerunt, quæro an & tutor Idemque creditor partis eamdem portionem retinere debeat ? Respondi cum tutorem qui cæteros ad portionem vocaret eâdem parte contentum esse debere. *L. cum in eo 14. ff. de pactis.*

V.

Quand un tuteur a reçû de l'argent pour son mineur, il doit l'employer à payer les frais nécessaires pour l'éducation du mineur & les sommes dûes par le mineur, & si ces frais & ces sommes payés, il lui reste des deniers entre les mains, il doit les employer en fonds pour produire de nouveaux revenus à son mineur. Si le tuteur néglige d'employer ces deniers en fonds, il doit indemniser le mineur de la perte arrivée par sa négligence ; c'est pourquoi on oblige le tuteur de payer les intérêts des sommes qu'il a entre les mains, comme s'il les avoit réellement employées ; cependant on donne au tuteur un délai pour faire cet emploi, & ce n'est qu'après l'expiration de ce délai que le tuteur est obligé de payer les intérêts. Le délai accordé au tuteur est de six mois suivant notre usage, conforme en cela à la disposition du Droit Romain qui donnoit pareillement six mois au tuteur. (*e*)

(*e*) *Vide la Loi si tutor 15. ff. de adm. & per. tut.* citée sur l'article 3 de cette section.

VI.

Si le tuteur n'a trouvé aucun bon emploi, il n'est pas juste qu'il paye les intérêts : lorsque le tuteur a des deniers entre ses mains, & qu'il ne trouve pas de bon emploi, il doit convoquer une assemblée de parens pour décider de l'usage qu'on pourra faire de ces deniers. Si le tuteur ne prend pas cette précaution, on ne présume gueres qu'il n'ait pas trouvé d'emploi, & il est en faute de n'avoir pas pris l'avis des parens qui auroient pû lui indiquer quelqu'emploi convenable à l'intérêt du mineur.

VII.

Si le tuteur a employé son argent en fonds, il ne peut se dispenser de payer les intérêts des deniers de son mineur, sous prétexte qu'il n'a pas pu trouver de bon emploi. (f)

(f) Non est audiendus tutor cum dicat ideo cessasse pupillarem pecuniam, quod idonea nomina non inveniret, si arguatur eo tempore suam pecuniam bene collocasse. *L. tutor* 13. §. *non.* 1. *ff. de adm. & per. tut.*

VIII.

Le tuteur doit les intérêts même après la majorité de celui dont il a été tuteur, s'il refuse de rendre son compte & de payer le reliquat. (g)

(g) Tutor qui post pubertatem pupilli negotiorum ejus administratione abstinuit, usuras præstare non debet, ex quo obtulit pecuniam . . . . . Ulpianus notat, non sufficit obtulisse, nisi & deposuit obsignatam tuto in loco. *L. tutor* 28. §. *tutor* 1. *ff. de adm. & per. tut.*

IX.

Lorsqu'il y a plusieurs tuteurs de nommés à un mineur, sans que par l'acte de tutelle il y ait aucun partage des biens que chacun d'eux sera tenu d'administrer, ils sont tenus solidairement de l'administration l'un de l'autre, quelqu'arrangement qu'ils ayent pris entr'eux. (h)

(h) Tres tutores pupillo dati sunt, unus quidem gessit, & solvendo non est, secundus Titio gerendam mandavit, & Titius quædam administravit, tertius nihil omnino gessit, quæsitum est, quatenus quisque eorum teneatur. Et tutorum quidem periculum commune est in administratione tutelæ. *L. tres tutores* 55. *in ppio. ff. de adm. & per. tut.*

Loix Civiles 1. part. livre 2. tit. 5. Sect. 5.

SECTION IV.

Comment finit la tutelle, & de la destitution des tuteurs.

SOMMAIRES.

1. *La tutelle finit-elle si le tuteur a été pris par les ennemis ?*
2. *Quid, si c'est le mineur ?*
3. *La pauvreté du tuteur est-elle un moyen de destitution ?*
4. *Absence du tuteur.*
5. *Prévarication du tuteur qui offre de donner caution.*

I.

SI le tuteur avoit été pris par les ennemis, la tutelle ne seroit pas finie, mais les parens & amis du mineur pourroient nommer un autre tuteur.

II.

Si c'est le mineur qui a été pris, la tutelle a toujours lieu.

III.

La pauvreté d'un tuteur ne peut pas servir de prétexte pour sa destitution, lorsqu'il est certain d'ailleurs que son administration est reguliere. (a)

(a) Suspectum tutorem eum putamus qui moribus talis est ut suspectus sit. Enimverò tutor, quamvis pauper est, fidelis tamen & diligens removendus non est quasi suspectus. *L. suspectum* 8. *ff. de suspect. tut.*

IV.

Lorsqu'un tuteur abandonne entierement les affaires du mineur, il faut nommer un tuteur à sa place.

L'absence

L'abſence d'un tuteur ne donne pas toujours lieu à ſa deſtitution, on diſtingue ſi l'abſence eſt momentanée, ou ſi le tuteur a totalement abandonné le lieu où les affaires du mineur exigeoient la réſidence du tuteur. Dans le premier cas l'abſence ne peut pas donner lieu à la deſtitution, mais dans le ſecond cas le tuteur doit être deſtitué. (*b*)

(*b*) Si abſens ſit tutor, & alimenta pupillus deſideret, ſi quidem negligentiâ, & nimiâ ceſſatio in adminiſtratione tutoris objiciatur, quæ etiam ex hoc arguatur quod per abſentiam ejus deſerta derelicta que ſunt pupilli negotia, evocatis aſſinibus atque amicis tutoris Prætor edicto propoſito, cauſâ cognitâ, etiam abſente tutore, vel removendum eum qui dignus tali notâ videbitur decernet, vel adjungendum curatorem ; & ita qui datus erit, expediet alimenta pupillo. Si verò neceſſaria abſentia tutoris & improviſa acciderit, forte quòd ſubito ad cognitionem principalem profectus, nec rei ſuæ providere, nec conſulere pupillo potuerit, & iperatur redire, & idoneus ſit tutor, nec expediret alium adjungi, & pupillus alimenta de re ſuâ poſtulet, rectè conſtituetur ad hoc ſolùm ſt ex re pupilli alimenta expediat. *L. ſi abſens 6. ff. ubi pupillus.*

V.

Tout tuteur qui prévarique dans l'adminiſtration de la tutelle, doit être deſtitué ; on n'écouteroit pas un tuteur qui ayant prévariqué, offriroit de donner bonne caution ; on préſumeroit avec raiſon que la caution qu'il offriroit, ne ſeroit que pour avoir occaſion de commettre de nouvelles prévarications. (*c*)

(*c*) Suſpectus fieri is quoque qui ſatiſdederit, vel nunc offerat, poteſt. Expedit enim pupillo rem ſuam ſalvam fore quàm tabulas rem ſalvam fore cautionis habere, nec ferendus eſt tutor qui ideo collegam ſuum ſuſpectum non fecit ; quoniam cautum erat pupillo, quia ſatiſdatio propoſitum tutoris malevolum non mutat, ſed diutius graſſandi in re familiari facul-

tatem præſtat. *L. ſuſpectus 5. & l. quia de ſuſpect. tut.*

Loix Civiles
1. part. liv. 2.
tit. 3. ſect.
5.

SECTION V.

Des cauſes qui excuſent de la tutelle.

SOMMAIRES.

1. *Excuſe fondée ſur l'âge de ſoixante-dix ans.*
2. *Sur la maladie.*
3. *Sur trois tutelles.*
4. *Celui qui eſt appellant d'une Sentence qui le nomme tuteur, peut-il exciper de cette tutelle pour ſe diſpenſer d'une quatrieme tutelle ?*
5. *Excuſe de celui qui ayant deux tutelles, a été nommé le même jour à deux autres tutelles.*

I.

CEux qui ont ſoixante-dix ans ne doivent pas être nommés tuteurs ; mais pour jouir de l'exemption que la Loi accorde, il faut avoir réellement ſoixantedix ans accomplis ; ce n'eſt qu'à cette condition que l'exemption eſt accordée ; on ne peut pas dire que ce ſoit là le cas où on puiſſe appliquer ce principe, *annus inceptus pro completo habetur.* (*a*)

(*a*) Non excuſatur à tutelâ qui ſeptuageſimum annum ætatis ingreſſus ſuit. *L. qui filium 74. §. Fabius 1. ff. ad ſenat. trebell.*

Majores ſeptuaginta annis à tutelis & à muneribus perſonalibus vacant. Sed qui ingreſſus eſt ſeptuageſimum annum nondum egreſſus, hic vacatione non utetur, quia non videtur major eſſe ſeptuaginta annis qui annum agit ſeptuageſimum. *L. majores 3. ff. de jure immunitati.*

Exceſſiſſe autem oportet ſeptuaginta annos tempore illo quo creantur. *L. etſi ſanior 2. in princ. ff. de excuſat.*

I I.

La maladie est une excuse valable lorsqu'elle est de nature à empêcher le malade de vaquer à ses propres affaires ; une pareille maladie doit même faire décharger de la tutelle celui qui a commencé à gerer. (*b*)

(*b*) Adversa quoque valetudo excusat, sed ea quæ impedimento est quominùs quis suis rebus superesse possit , & non tantum ne incipiant , sed & à cœptâ excusari debent. *L. non solùm* 10. §. *si quis ult. &* *l. & non* 11. *ff. de excusationibus.*

I I I.

Celui qui est chargé de trois tutelles , ne peut pas être chargé d'une quatriéme, tant que l'administration des trois premieres tutelles subsiste, pourvû qu'il n'ait pas recherché les trois premieres dans la vûe d'être déchargé d'une quatriéme onereuse. (*c*)

(*c*) Tria onera tutelæ non affectatæ vel curæ præstant vacationem quandiu administrantur. §. *item tria* 6. *inst. de excus. tut. vel. curat.*

I V.

Lorsqu'une personne a été chargée d'une troisiéme tutelle, & interjetté appel de la Sentence de nomination , si avant le jugement de l'appel il est nommé tuteur d'un autre mineur, il peut proposer cette premiere nomination comme une excuse valable , quoiqu'il soit appellant de la Sentence qui l'a chargé de la troisiéme tutelle : il n'est pas juste de le charger de la quatrieme tutelle lorsqu'il est encore incertain s'il sera déchargé de la troisiéme ; mais comme d'un autre côté il n'est pas naturel de se dispenser d'une tutelle, sous pretexte qu'on a été chargé d'une autre tutelle, lorsqu'on refuse d'accepter la premiere tutelle , on peut ordonner dans ce cas que celui qui a été nommé tuteur , sera tenu de faire juger son appel dans un certain temps. [*d*]

(*d*) Diximus tres habentes tutelas ad quartam non vocari. Quæsitum est igitur si quis duas habens tutelas, deinde ad tutelam tertiam vocatus appellaverit , & adhuc pendente judicio appellationis ad quartam tutelam promoveatur , utrum à quartâ se excusans mentionem faciet tertiæ , an omnino dimittet illam. Et à Divo Severo & Antonino constitutum invenio non oportere ad quartam promoveri à tertiâ appellantem , sed pendente tertiâ creationis excusatione , illius finem expectare terminum futurum quartæ creationis , rectâ ratione. Si enim ordine præpostero quartam suscipiat quis eveniet ut post tertiam extantem injustâ tertiæ appellatione apparente , quatuor oneribus gravetur contra leges. *L. diximus* 4. *ff. de excusat.*

V.

Si celui qui est chargé de deux tutelles , est nommé pour deux autres tutelles , il n'y a pas de doute que comme une même personne ne doit pas être chargée en même tems de quatre tutelles, il doit être déchargé d'une des deux ; mais l'excuse ne pourra servir que pour la derniere, & non pour la troisiéme , parce qu'il n'étoit pas encore dans le cas de l'exemption lorsqu'il a été choisi pour la troisiéme : il ne s'agira donc que de sçavoir laquelle des deux dernieres tutelles est la troisiéme , ce qui se déterminera par l'ordre des dattes des Sentences de nomination ; mais si on ne pouvoit découvrir laquelle des deux nominations a précédé, ce qui peut arriver si elles sont du même jour & dans différentes Jurisdictions , il dépendra de la prudence du Juge de regler laquelle des deux tutelles devra être administrée par celui qui étoit déja chargé de deux premieres, le choix ne peut pas appartenir à celui qui a été nommé. (e)

(e) Si duas habenti tutelas, aliæ duæ simul super inductæ fuerint, quæ est ordine tertia, auxiliabitur ei ad remissionem quartæ, etsi Imperator fuerit qui quartam injunxerit aut tertiam, & an-

tequam cognoscat Imperatoris mandato, promotus erit ad aliam. Si autem ordo non apparuerit, sed in unâ die duæ creationes proponerentur in diversis chartis, non qui creatus est, sed qui creavit eliget, quam oporteat eum suscipere. L. si duas 5. in ppio. ff. de excusationibus.

CHAPITRE XIII.

DES HYPOTEQUES.

SOMMAIRES.

Loix Civiles livre 3 tit. 14.

1. L'usufruit peut-il être hypotequé ?
2. Qui peut hypotequer ?
3. Le créancier hypotequaire est preferé à celui qui n'a pas d'hypoteque.
4. Entre deux créanciers hypotequaires le plus ancien doit être preferé.
5. Un créancier posterieur en hypoteque peut demander d'être subrogé aux droits du premier en offrant de le payer.
6. Elle subsiste, quoique l'heritage passe entre les mains d'un tiers.
7. Elle s'eteint si le créancier y renonce.
8. Est-elle éteinte si le debiteur a donné un delai ?
9. Quid, s'il a été stipulé qu'au lieu de l'hypoteque le debiteur donneroit caution ?
10. L'hypoteque subsiste-t-elle, si le créancier ayant permis au debiteur de vendre, le debiteur a donné ?
11. Quid, si le créancier ayant permis de donner, le debiteur avoit vendu ?
12. Quid, si le créancier a permis de vendre pour un prix ?
13. Quid, s'il a permis de vendre dans un certain tems ?
14. L'action personnelle intentée contre le debiteur ou ses cautions, n'aneantit pas l'hypoteque.
15. Si plusieurs créanciers achetent en commun l'heritage qui leur est hypotequé, perdent-ils leur hypotheque ?

I.

L'Usufruit est sujet à l'hypoteque comme la proprieté. (a)

(a) Ususfructus an possit pignori hypothecæ redari quæsitum est, sive Dominus proprietatis convenerit, sive ille qui solum usumfructum habet, & scribit Papinianus libro undecimo responsorum, tuendum creditorem, & si velit cum creditore proprietarius agere, non esse ei jus uti sibi invito sit, tali exceptione eum Prætor tuebitur, si non inter creditorem & eum ad quem ususfructus pertinet, convenerit ut ususfructus pignori sit, & eum emptorem ususfructus tuetur Prætor, cur non & creditorem tuebitur ? L. si is 11. §. ususfructus 2. ff. de pig. & hyp.

II.

Il n'y que le proprietaire qui puisse hypotequer. (b)

(b) Si probaveris Præsidi prædia vel hortos de quibus agebatur tuos esse, intelligis obligari eos creditori ab alio non potuisse. L. si probaveris 2. cod. si aliena.

Nec si major annis 25. fuisset [illegible]

qui in potestate tui erat, te invito rem tuam obligare potuit. *L. nec si 4. cod. si alien.*

Le principe établi dans cet article n'est pas contraire à celui établi dans l'article précédent. Lorsque je dis qu'il n'y a que le propriétaire qui puisse hypotequer, cela veut dire que je ne puis hypotequer un effet qui ne m'appartient pas, mais l'usufruitier étant maitre & propriétaire du droit d'usufruit, pourra hypotequer ce droit.

III.

Le creancier hypotequaire doit être preferé à celui qui n'a qu'une simple action personnelle. (*c*)

(*c*) Eos qui acceperunt pignora cum in rem actionem habeant, privilegiis omnibus quæ personalibus actionibus competunt, præferri constat. *L. eos 9. cod. qui potiores.*

IV.

Lorsque deux créanciers hypotequaires se trouvent en concurrence, le créancier le plus ancien en hypoteque doit être preferé à celui dont la créance est posterieure. (*d*)

(*d*) Diversis temporibus eâdem re duobus jure pignoris obligatâ, eum qui prior datâ mutuâ pecuniâ pignus accepit, potiorem haberi, certi ac manifesti juris est. *L. diversis 8. cod. qui potiores.*

V.

Un créancier peut demander d'être subrogé aux droits d'un premier créancier, en offrant de rembourser au premier créancier tout ce qui peut lui être dû. (*e*)

(*e*) Si prior res publica contraxit, fundusque ei est obligatus, tibi secundo creditori afferenti pecuniam potestas est, ut succedas etiam in jus rei publicæ. *L. si prior 4. cod. de his qui in priorum.*

VI.

L'hypoteque est réelle, & donne un droit au créancier contre tous ceux qui possedent l'héritage à titre de vente, donation ou autre. (*f*)

(*f*) Debitorem neque vendentem, neque donantem neque, legantem, vel fideicommissum relinquentem, posse deteriorem facere creditoris conditionem certissimum est; unde si tibi obligatam rem probare posse confidis, pignora persequi debes. *L. debitorem 15. cod. de pignoribus.*

Pignoris vel hypothecæ persecutio in rem est. *L. pignoris 18. cod. de pignoribus.*

Res pignoris hypothecæve juris creditoribus obnoxias circa consensum eorum debitores alienantes, præcedentem non dissolvunt obligationem. *L. res 16. cod. de remissione pignoris.*

Si debitor rem tibi jure obligatam te non consentiente distraxit, dominium cum sui causâ transtulit ad emptorem. *L. si debitor 12. cod. dist. pignorum.*

VII.

Un créancier peut renoncer à son droit d'hypoteque; s'il y a renoncé, l'hypoteque est éteinte (*g*)

Solvitur hypotheca, si ab eâ discedatur. *L. solvitur 5. in ppio. ff. quib. modis. pig. vel. hyp.*

VIII.

Le créancier qui a donné un délai, n'est pas censé avoir renoncé à son droit d'hypoteque.

IX.

Si le créancier renonce à son droit d'hypoteque, à condition que le debiteur lui donnera une caution, cette convention doit être exécutée, mais l'hypoteque ne sera éteinte qu'après que la caution aura été donnée. (*h*)

(*h*) Si convenerit ut pro hypothecâ fidejussor daretur & datus sit satisfactum videbitur ut hypotheca liberetur.

X.

Il arrive quelquefois qu'un créancier voulant procurer toute forte
de facilités à fon débiteur, lui permet de vendre un effet hypoteque
à fa créance, & promet de ne pas
inquieter l'acquereur : cette promef-
fe du créancier eft une renonciation à
fon droit d'hypoteque, mais c'eft une
renonciation qui ne doit avoir lieu
que pour le cas prevû. Si le débiteur
donnoit l'effet hypotéqué, le créancier ne feroit pas lié par fa renonciation ; il feroit en droit d'agir
en déclaration d'hypoteque contre
le donataire (i)

(i) Si permiferit creditor vendere,
debitor vero donaverit, an exceptione
illum fummoveat? An foeli fit magis quaef-
tio, num quia ideo vendi voluit, ut pretio accepto ipfi quoque res expediat,
quo cafu non nocebit confenfus. *L. ficut*
8. §. fed fi 13. *ff. quibus modis pignus vel*
hyp.

X I.

Si le créancier a confenti que
le débiteur difpofât par donation
de l'effet hypotequé, & que le
débiteur ait vendu cet effet, le
créancier aura-t-il perdu fon droit
d'hypoteque ? Il faut diftinguer fi
le créancier a donné un confentement général, ou s'il n'a confenti
qu'à condition que la donation feroit faite à une certaine perfonne.
Si le créancier a confenti que le
débiteur donnât l'effet hypotequé,
fans que l'acte contenant le confentement faffe aucune mention de
celui auquel la donation doit être
faite, le débiteur aura la liberté ou
de vendre ou de donner ; le créancier ne feroit pas recevable à fe
plaindre de ce que le débiteur auroit vendu au lieu de donner, puif-
que la vente ne ferviroit qu'à affu-

rer d'autant plus le payement de fa
créance. Mais il n'en feroit pas de
même fi le créancier avoit confenti que le débiteur donnât à une certaine perfonne indiquée dans l'acte
contenant le confentement, parce
que le confentement du créancier
eft conditionel, & en faveur d'une
certaine perfonne que le créancier
a voulu favorifer, enforte que la
condition fous laquelle le confentement a été donné manquant, le
confentement ne peut plus être oppofé au créancier. (k)

(k) In contrarium fi conceffit donare,
& vendiderit debitor, repellitur creditor, nifi fi quis dicat ideo conceffiffe do-
nari quod amicus erat creditor, ejus cui
donabatur. *L. fi ficut* 8. §. *fed fi* 13. *ff.*
quibus modis pig. vel hyp.

XII.

Quand le créancier a permis de
vendre pour un prix, & que le débiteur a vendu à un moindre prix,
la renonciation à l'hypoteque ne
fubfifte pas ; la raifon en eft bien
naturelle. Je confens que mon débiteur vende moyennant un certain
prix un héritage qui m'eft hypotequé, parce que je vois que s'il le
vend ce prix, cela pourra le mettre
en état de payer fes dettes, au lieu
que s'il vend l'héritage un moindre
prix, il ne pourra pas les payer ;
comme mon confentement qui emporte une renonciation tacite à
mon droit d'hypoteque, n'eft donné qu'à cette condition, ma renonciation ne peut m'être oppofée
que dans le cas où on a fatisfait
à la condition fans laquelle je
n'aurois pas renoncé, & l'acquereur ne pourroit pas oppofer au
créancier que le débiteur a encore
des biens fuffifans pour payer tous
fes créanciers, quoiqu'il ait vendu
l'héritage hypotéqué moyennant
un prix inferieur à celui ftipulé
dans l'acte contenant le confente-

ment du créancier. Le créancier ayant été le maître de refuser son consentement, & par conséquent d'apposer une condition à son consentement, il faut pour exciper du consentement satisfaire à la condition. Si le débiteur a vendu les héritages au dessus du prix marqué dans l'acte contenant le consentement à la vente, le créancier ne peut pas exercer son droit d'hypoteque, sous prétexte qu'on n'a pas satisfait à la condition qu'il avoit imposée ; puisqu'en vendant plus cher, le débiteur lui donne une plus grande sûreté. Lorsqu'un créancier consent à la vente d'un héritage à condition que l'heritage sera vendu moyennant un certain prix, le prix n'est marqué que pour que le debiteur ne puisse pas vendre à meilleur marché, mais il peut vendre plus cher. [l] Si cependant le créancier n'avoit renoncé à son droit d'hypoteque qu'à condition que l'héritage seroit vendu à une personne désignée dans l'acte, & moyennant un certain prix, & que le vendeur eût vendu à un autre moyennant un prix plus considérable, le créancier n'auroit pas perdu son droit d'hypoteque par la vente, parce que sa renonciation ne seroit dans ce cas qu'en faveur de celui qui auroit été désigné dans l'acte. [m] La question souffriroit plus de difficulté si le debiteur avoit vendu à celui qui auroit été désigné dans l'acte contenant le consentement & renonciation du créancier, mais à un prix plus considérable que celui qui auroit été fixé par cet acte. Je pense qu'il faut distinguer deux cas ; le premier est quand l'acquereur veut exciper du consentement du créancier ; le second est quand l'acquereur ne veut pas en exciper. Si l'acquereur excipe du consentement du créancier, ce dernier ne peut pas lui opposer que le consentement n'est que conditionel, qu'il n'a été qu'en faveur de l'acquereur ; mais si l'acquereur n'excipe pas du consentement, ce qui peut arriver s'il prétend **avoir** acheté trop cher, je pense que le créancier est en droit de soutenir qu'il n'a pas perdu son droit d'hypoteque, & par ce moyen l'acquereur aura son recours contre le vendeur. Cette décision pourra paroître fondée sur des subtilités ; elle est cependant conforme à l'équité.

(l) Quod si convenerit decem vendere, ille quinque vendiderit, dicendum est non esse repellendum creditorem, in contrarium non erit quærendum quìn rectè vendit, si pluris vendiderit quam concessit creditor. *L. sicut* 8. §. *quod si* 14. *ff. quib. mod. pig. vel. hyp.*

(m) *Vide* la Loi citée sur l'article 11.

XIII.

Si le créancier a permis de vendre dans un certain temps, & que la vente n'ait été faite qu'après l'expiration de ce délai, l'hypoteque subsiste. (n)

(n) Sed si intra annum aut biennium contenserit creditor vendere, post hoc tempus vendendo, non aufert pignus creditori. *L. sicut* 8. §. *sed si* 18. *ff. quib. mod. pig. vel hyp.*

XIV.

Celui qui a un droit d'hypoteque, n'en a pas moins l'action personnelle contre son débiteur, c'est pourquoi il peut exercer les deux actions concurremment, & si le créancier a exercé l'action personelle, cette action ne fait aucun obstacle à son son droit d'hypoteque. [o]

(o) Quamvis personali actione expertus adversus reum vel fidejussores, seu mandatores ejus feceris condemnationem, pignoris tamen adhuc habet persecutionem. *L. quamvis* 8. *cod. de pig. & hyp.*

XV.

Lorsque l'héritage est hypoteé au payement de plusieurs créances, & que les créanciers achetent en commun l'héritage hypoteé, chacun d'eux perd son droit d'hypoteque. [p]

(p) Titius Sempronio fundum pignori dedit, & eumdem fundum postea Gaio Seio pignori dedit, atque ita idem Titius Sempronio, & Gaio Seio fundum eumdem in assem vendidit quibus pignori ante dederat, in solidum singulis. Quæro an venditione interpositâ jus pignoris extinctum sit, ac per hoc jus totum emptionis apud ambos permanserit, Modestinus respondit dominium ad eos de quibus quæritur emptionis jure pertinere, cum contentum mutuò venditioni dedisse proponantur invicem pigneratitiam actionem eos non habere. *L. Titius 9. ff. quib. modis pig. vel hyp.*

—————————

CHAPITRE XIV.

DES CAUTIONS OU FIDEJUSSEURS.

SOMMAIRES.

1. *Celui qui a donné pour caution une personne insolvable, est-il obligé de donner une nouvelle caution ?*
2. *Quid, si la caution solvable devient insolvable ?*
3. *La remise faite au débiteur sert-elle à la caution ?*
4. *Quid, si après la remise le débiteur consent de payer ?*

I.

CElui qui est obligé de donner caution, doit donner une caution solvable ; s'il en offre qui ne soit pas solvable, il ne satisfait pas à son obligation : ce n'est pas donner caution que d'en donner une insolvable. (a)

(a) Quoties vitiosè cautum vel satisdatum est, non videtur cautum. *L. quoties 6. ff. qui satis dare.*

II.

Celui qui a donné une caution qui a été acceptée, est-il obligé d'en donner une nouvelle, si celle qu'il a donnée devient insolvable ? Il semble que quand on a une fois donné une caution, on ne puisse pas être obligé d'en donner une nouvelle ; cependant on distingue entre les cautions forcées & les cautions volontaires ; dans le premier cas celui qui a donné une caution, est obligé d'en donner une nouvelle, si celle qu'il a donnée devient insolvable ; dans le second cas celui qui a accepté la caution, doit s'imputer de n'avoir pas pris plus de sûretés. (b)

(b) Si semel fuerit satisdatum, quæsitum est an etiam rursus cavendum sit, si forte dicatur egenos fidejussores esse datos, & magis est ut caveri non debeat ; hoc enim Divus Pius rescripsit Pacuvio Licinianæ ; ipsum enim facilitati suæ expensas ferre debet quæ minus idoneos accepit, neque enim oportet per singula momenta onerari cum à quo satis petitur. Planè si nova causa allegetur, veluti quod fidejussor decesserit, aut etiam rem familiarem inopinato fortunæ impetu amiserit, æquum erit prostari cautionem. *L. si ex quo 3. §. si semel 3. & l. planè 4. ff. ut in possess. legat.*

Quod si medio tempore calamitas fidejussoribus insignis vel magna inopia acc

cidit, causâ cognitâ ex integro satisdan-
dum erit. L. *si ab arbitro.* 10. §. *qui
ex causâ* 1. *ff. qui satisdare cogantur.*

Ces deux Loix semblent ne pas
faire de distinction entre les cautions
forcées & les cautions volontaires,
mais dans notre usage cette distinction doit être admise.

III.

La remise faite au débiteur, est
censée faite à la caution. (c)

(c) Debitoris conventio fidejussoribus
proficiet. L. *& hæredi* 21. §. *in his* 5.
ff. de pactis.

IV.

Lorsque la caution a été une fois
déchargée de son obligation par la
remise faite au débiteur, l'obligation de la caution est tellement
anéantie qu'elle ne peut pas revivre
sans le fait de la caution, quelque
convention que le créancier & le débiteur principal fassent ensemble
postérieurement à la remise qui a
anéanti l'obligation de la caution. (d)

(d) Si reus postquam pactus sit à se non
peti pecuniam, ideoque cœpit id pactum
fidejussori quoque prodesse pactus sit, ut
à se peti liceat, an utilitas prioris pacti
sublato sit fidejussori, quæstum est. Sed
verius est semel acquisitam fidejussori pacti exceptionem ulterius et invito extor-
queri non posse. L. *si reus* 62. *ff. de pactis.*

CHAPITRE XV.

DES INTERETS, DOMMAGES ET INTERETS ET RESTITUTION DE FRUITS.

SOMMAIRES.

1. *Le droit de chasse est-il un fruit ?*
2. *Quels sont les fruits d'une maison ?*
3. *Le créancier qui a consigné doit-il des intérêts ?*
4. *Peine stipulée pour tenir lieu d'intérêts.*
5. *Une stipulation usuraire est-elle nulle ?*

I.

LE droit de chasse ne doit pas
être mis au nombre des fruits
d'un héritage. (a)

(a) Venationem fructus fundi negavit
esse. L. *venationem* 26. *ff. de usuris &
fructibus.*

II.

Les fruits d'une maison sont les
loyers que nous appellons fruits civils. (b)

(b) Prædiorum urbanorum pensiones
pro fructibus accipiuntur. L. *prædiorum*
36. *ff. de usuris.*

III.

Lorsqu'un débiteur doit des intérêts, s'il veut se libérer, & que le
créancier refuse, il est en droit de
consigner après avoir fait des offres,
& après la consignation les intérêts
cessent de courir, de simples offres
ne suffiroient pas. (c)

(c) Debitor usurarius creditori pecuniam
obtulit, & eam cum accipere noluisset,
obsignavit ac deposuit, ex eo die ratio
non habebitur usurarum. L. *debitor* 7. *ff.
de usuris.*

VI.

Les intérêts ne peuvent être
dûs

dâs que conformément à la Loi que le Prince a faite pour leur fixation ; ainsi actuellement la condamnation d'intérêts ne peut être prononcée qu'à raison du denier vingt. Si un Juge ordonnoit que faute par le débiteur de payer dans un certain temps, il seroit tenu de payer chaque année une somme qui excederoit l'intérêt légitime, sa Sentence devroit être infirmée comme contenant une disposition usuraire. (d)

(d) Pœnam pro usuris stipulari nemo supra modum usurarum licitum potest. *L. pœnam* 44. *ff. de usuris.*

Cette Loi ne parle que de la stipulation d'intérêts ; mais comme il n'est pas permis parmi nous de stipuler les intérêts d'une somme qu'on n'a pas aliénée, on a crû devoir appliquer le principe à la condamnation d'intérêts prononcée par le Juge. Ce principe peut s'appliquer aux contrats de constitution.

V.

Une stipulation usuraire qui se trouve dans un contrat de constitution, n'est pas nulle, mais elle est reductible. Si dans un contrat de constitution on stipule que les arrérages de la rente seront payés à raison du denier dix, la stipulation ne sera pas nulle pour la totalité, mais elle sera reductible conformément à l'Ordonnance. (e)

(e) Placuit sive supra statutum modum quis usuras stipulatus fuerit, sive usurarum usuras, quod illicite adjectum est, pro non adjecto haberi, & licitas peti posse. *L. placuit* 29. *ff. de usuris.*

CHAPITRE XVI.

DES PREUVES ET PRESOMPTIONS, ET DU SERMENT.

SOMMAIRES.

1. *L'aveu fait par une partie est-il une preuve ?*
2. *Quid, de l'aveu fait par un Procureur ?*
3. *Le serment peut-il être déféré dans toutes sortes d'affaires ?*
4. *Toutes sortes de personnes peuvent-elles être entendues comme témoins ?*
5. *Personne ne peut être témoin dans sa propre cause.*

I.

L'Aveu fait par une partie en matiere civile, fait contre elle la preuve du fait avoué. (a)

(a) Si quis in jure interrogatus an quadrupes quæ pauperiem fecit, ejus sit, respondit, tenetur. Si quis interrogatus de servo qui damnum dedit, respondit suum esse servum, tenebitur lege Aquilià quasi dominus. Si sine interrogatione quis responderit se hæredem, pro interrogato habetur. *L.* 7. 8. *&* 9. *in pric. ff. de interrogat.*

II.

Les aveux faits par un Procureur ne peuvent préjudicier à la partie que lorsqu'il a un pouvoir spécial. (b)

(b) Si defensor in judicio interrogatus an is quem defendit hæres, vel quotâ ex parte sit, falso responderit, ipse quidem defensor adversario tenebitur, ipsi autem quem defendit nullum facit præjudicium. *L. si defensor* 4. *de pric. de interrogationibus.*

III.

Il semble que le serment puisse être déféré dans toute sorte d'affaires, & qu'on ne fait aucun tort à une partie de la rendre Juge dans sa propre cause en lui déférant le serment. (*c*) Cependant il est de la prudence du Juge de ne le point déférer indistinctement ; il y a plusieurs cas où on doit débouter de la demande faute de rapporter de preuves, & où le serment ne doit pas être déféré ; il seroit assez difficile de donner une regle certaine sur cette matierre ; les différentes circonstances des faits doivent seules décider.

(*c*) Jusjurandum & ad pecunias & ad omnes res locum habet. *L. jusjurandum* 34. *ff. de jurejurando.*

IV.

On est souvent obligé faute de preuves par écrit d'avoir recours à la déposition des témoins, mais il faut avoir soin de ne faire entendre que des témoins d'une probité reconnue. (*d*)

(*d*) Testimoniorum usus frequens ac necessarius est, & ab his præcipuè exigendus quorum fides non vacillat. *L. testimoniorum primd, ff. de testibus.*

V.

Il faut pour qu'un témoin puisse faire foi qu'il n'ait aucun intérêt à la décision de la contestation qui donne lieu à l'enquête : personne ne doit être témoin dans sa propre cause. (*e*)

(*e*) Nullus idoneus testis in re sua intelligitur. *L. nullus* 10. *ff. de testibus.*

Loix Civiles
1 part livre 3.
tit. 7.

CHAPITRE XVII.

De la possession & des prescriptions.

SOMMAIRES.

1. *Il n'y a point de prescription sans possession.*
2. *Définition de l'interruption.*
3. *La possession du vendeur sert-elle toujours à l'acquereur ?*
4. *La possession de celui qui a acheté avec faculté de remeré, peut-elle servir au vendeur ?*
5. *Si celui qui possede vend ou loue au propriétaire, la possession du propriétaire pourra-t-elle servir pour acquerir la prescription contre lui ?*
6. *La possession se peut-elle conserver par celui qui ne possede pas en notre nom ?*
7. *Celui qui tient à titre d'engagement, peut-il prescrire ?*
8. *Si dans un partage on y comprend par erreur des biens appartenans à un tiers, y a-t-il lieu à la prescription ?*
9. *On peut prescrire en vertu d'une transaction.*
10. *Le donataire peut prescrire, quoique le donateur ne soit pas propriétaire.*
11. *Peut-on prescrire lorsqu'on possede comme héritier d'une personne qu'on croyoit morte & qui cependant est vivante ?*
12. *La superficie peut-elle se prescrire sans le sol ?*

I.

POur pouvoir opposer la prescription au propriétaire, il faut avoir possédé pendant le tems marqué par la loi ; il n'y a pas de prescription sans possession. (*a*)

(a) Sine possessione usucapio contingere non potest. *L. sine* 25. *ff. de usurp. & usuc.*

II.

La possession ne peut operer la prescription que lorsqu'elle n'a pas été interrompue. (b) On distingue deux especes d'interruptions, l'interruption civile, & l'interruption naturelle; l'interruption civile arrive dans le cas d'une demande judiciaire; à l'égard de l'interruption naturelle, elle a lieu lorsque le possesseur est troublé dans sa possession par violence ou autre voie de fait. Il y a cette différence entre les deux especes d'interruptions que l'interruption civile ne peut servir qu'à celui qui a troublé dans la possession, & que l'interruption naturelle sert à tous ceux qui peuvent y avoir intérêt, quand même l'interruption viendroit de la part d'une personne qui ne pourroit avoir aucun droit à l'héritage. (c)

(b) *Vide* les articles 113. 114. & 118. de la Coutume de Paris.

(c) Naturaliter interrumpitur possessio cum quis de possessione vi dejicitur, vel alicui res eripitur, quo casu non adversus eum tantum qui eripit, interrumpitur possessio, sed adversus omnes; nec eo casu quicquam interest is qui usurpaverit dominus sit necne. *L. naturaliter* 3. *ff. de usurp. & usucap.*

III.

Il n'est pas nécessaire qu'un acquereur pour opposer la prescription, ait possedé pendant tout le tems requis par la Loi pour acquerir prescription, la possession de son vendeur lui sert; cependant il faut observer que l'acquereur ne peut profiter de la possession du vendeur que pour le tems anterieur à la vente. Si depuis la vente le vendeur avoit eu une nouvelle possession, cette possession seroit inutile au vendeur. [d]

(d) Id tempus venditionis prodest emptori, quo antequam venderet possedit; nam si postea nactus est possessionem venditor, haec possessio emptori non proficiet. *L. id tempus* 14. *in princ. ff. de usurp. & usuc.*

Ces termes de la Loi *si postea nactus est possessionem*, font voir que si le vendeur avoit continué sa possession, elle pourroit servir à l'acquereur, que le seul cas où la Loi ne veut pas que l'acquereur puisse profiter de la possession de son vendeur, est celui où le vendeur ayant abandonné la possession à l'acquereur, s'est mis dans la suite en possession de l'héritage vendu.

IV.

Lorsqu'une vente a été faite sous faculté de remeré, ou que le contrat de vente a été resolu faute de payement du prix de la vente ou pour quelque cause semblable, la possession de l'acquereur sert au vendeur qui est rentré dans l'héritage vendu. (e)

(e) Si hominem emi, ut si aliqua conditio extitisset, inemptus fieret, & is tibi traditus est, & postea conditio emptionem resolvit, tempus quo apud emptorem fuit, accedere venditori debere existimo: quoniam à genere retro acta venditio effet redhibitioni similis: in quâ non dubito tempus ejus qui redhibuerit venditori accessurum, quoniam ea venditio proprie dici non potest. *L. si hominem* 19. *ff. de usurp. & usucap.*

V.

Si le possesseur d'un *héritage* le loue au propriétaire, la possession du propriétaire ne doit pas empêcher la prescription, & même le tems de cette possession du propriétaire doit servir pour la prescription, parce que dans ce cas le propriétaire ne possede pas comme propriétaire, il possede comme locataire, c'est-à-dire au nom de celui qui lui a loué;

il en doit être de même dans le cas de vente faite au propriétaire ; on ne peut pas soutenir que le propriétaire qui a acquis son propre héritage, & qui a possédé depuis l'acquisition un tems suffisant pour acquérir la prescription, puisse se dispenser de payer au vendeur le prix de son acquisition, ou puisse repeter le prix qu'il a payé. La possession du propriétaire forme un titre contre lui-même, puisque le propriétaire n'a pas possédé dans ce cas en vertu de son ancien titre de propriété, mais en vertu de la vente qui lui a été faite. Nous ne devons pas adopter ces vaines subtilités des Romains, qui prétendoient que la vente & la location faite au propriétaire de son propre héritage étoient nulles. [f]

(f) Ei à quo fundum pro hærede diutius possidendo usucapturus eram, locavi eum, an illius momenti eam locationem existimes quæro, quod si nullius momenti existimas, an durare nihilominus usucapionem ejus fundi putes ; item quæro si eidem vendidero eum fundum, quid de his causis de quibus supra quæro existimes, respondit, si is qui pro hærede fundum possidebat Domino eum locavit, nullius momenti locatio est, quia Dominus suam rem conduxisset ; sequitur ergo ut ne possessionem quidem locator retinuerit, ideoque longi temporis præscriptio non durabit, in venditione idem juris est quod in locatione, ut emptio suæ rei consulere non possit. *L. si 21. ff. de usurp. & usuc.*

VI.

Il semble que nous ne puissions conserver la possession que lorsque nous continuons de posseder par nous-mêmes ou qu'un tiers possede en notre nom : il y a cependant des cas où le propriétaire d'un héritage peut exciper de la possession d'un tiers qui ne possedoit pas au nom de ce propriétaire : ainsi par exemple quelqu'un achete une terre, & depuis l'acquisition il jouit d'un droit comme dépendant de cette terre, dans la suite le propriétaire évince l'acquereur, la possession de l'acquereur pourra servir au propriétaire. (g)

(g) Qui fundum alienum bonâ fide emit, itinere quod ei fundo debetur usus est ; retinetur id jus itineris, atque etiam si precario aut vi dejecto Domino possidet ; fundus enim qualiter se habeas, ita cum in suo habitu possessus est : jus non deperit, neque refert justè necne possideat qui talem eum possidet. *L. qui fundum 12. ff. quemad. servit. amitt.*

VII.

Celui qui possede à titre d'engagement ne peut pas prescrire ; son titre reclame toujours en faveur de celui dont il tient à titre d'engagement ; [h] mais sa possession sert à celui dont il tient l'héritage.

(h) Pignori rem acceptam usu non capimus, quia pro alieno possidemus. *L. pignori 13. ff. de usurp. & usucap.*

VIII.

Lorsque dans le partage des biens d'une succession on y a compris des biens qui ne faisoient pas partie des biens de cette succession, & que cela a été fait de bonne foi, la prescription doit avoir lieu. (i)

(i) Si per errorem de alienis fundis quasi de communibus judicio communi dividundo accepto, ex adjudicatione possidere cœperint, longo tempore capere possum. *L. si per errorem 17. ff. de usurp. & usucap.*

IX.

Une transaction est un de ces actes que les Loix appellent juste titre, & en vertu desquels on peut prescrire. (k)

(k) Ex causâ transactionis habentes justam causam possessionis, usucapere possunt. *L. ex causâ 8. eod. de usucap. pro empt. vel transact.*

X.

Un donataire d'un héritage dont
le

le donateur n'étoit pas propriétaire, peut acquérir la préscription s'il a possédé pendant le tems marqué par la Loi. (*l*)

(*l*) Sive fuerit dominus qui tibi loca de quibus supplicasti donavit, sive à non Domino bona fide donata suscepisti, eaque usucepisti auferri tibi quod jure quæsitum est, non potest. *L. sive prima. eod. de usucapione pro donato.*

XI.

Celui qui s'est mis en possession en qualité d'héritier d'une personne qu'il croyoit morte, ne peut pas se faire un titre de sa possession pour opposer la préscription au véritable propriétaire. (*m*)

(*m*) Opinione falsi mortis pro hærede possessio rerum absentis procedere non potest. *L. opinione 3. cod. de usucapione pro hærede.*

XII.

La superficie ne peut pas se préscrire sans le sol, & de même le sol ne peut pas se préscrire sans la superficie, ainsi si le sol ne peut pas se préscrire, la préscription ne pourra avoir lieu pour la superficie, & *vice versâ.* (*n*)

(*n*) Nunquam superficies sine solo capi longo tempore potest. *L. nunquam 26. ff. de usurp. & usucap.*

Si solum usucapi non poterit, nec superficies usu capietur. *L. si solum 39. ff. eodem.*

CHAPITRE XVIII.

DES PAYEMENS.

SOMMAIRES:

1. *La confusion éteint la dette.*
2. *Lorsqu'un payement est fait sur deux différentes dettes, l'imputation doit-elle se faire premierement sur la dette qui se trouve la premiere énoncée dans la quittance?*
3. *Lorsqu'une caution de deux personnes fait un payement sans marquer la dette sur laquelle se doit faire l'imputation, quelle regle faut-il suivre en ce cas?*

Loix Civiles, 1. part. livre 4. tit. 1.

I.

Lorsqu'un créancier se trouve héritier de son débiteur, ou un débiteur se trouve héritier de son créancier, il se fait une confusion qui anéantit l'obligation. (*a*)

(*a*) Aditio hæreditaris nonnunquam jure confundit obligationem, veluti si creditor debitoris, vel contra debitor creditoris adierit hæreditatem. *L. Stichum 95. §. aditio 2. ff. de solut. & liberat.*

Debitori creditor pro parte hæres extitit . . . . . quo ad ipsius quidem portionem attinet, obligatio ratione confusionis intercidit, aut quod est verius, solutionis potestate. *L. debitori 50. ff. de fidejus.*

II.

Quand le débiteur a fait un payement sur plusieurs dettes, sans cependant marquer précisément sur laquelle il vouloit que l'imputation se fit, il faut faire l'imputation sur la dette que le débiteur a le plus d'intérêt d'anéantir, & on ne pourroit pas faire l'imputation sur une dette plutôt que sur une autre, par la seule raison que cette dette seroit la premiere dont il seroit fait mention dans la quittance : il ne faut pas s'attacher à l'ordre de l'écriture, mais à ce qui se trouve le plus avantageux au débiteur (b)

(b) Nec enim ordo scripturæ spectatur, sed potius ex jure sumitur id quod agi videtur. *L. nec enim 6. ff. de solut. & lib.*

I I I.

Il arrive quelquefois qu'une même personne se rend caution envers une autre pour deux particuliers ; si la caution paye au créancier, l'imputation se fera-t-elle par égale portion sur chacune des créances, ou au contraire se fera-t-elle sur une seule, & si l'imputation ne se fait que sur l'une des deux créances, sur laquelle devra-t-elle se faire ? Nulle difficulté que si la caution a marqué sur laquelle des deux créances il vouloit que se fît l'imputation, il faudra faire l'imputation sur la créance qui aura été désignée, mais si la caution ne s'est pas expliquée, il semble que l'imputation doit se faire sur la plus ancienne créance [c], pourvû néanmoins qu'il n'y ait pas de circonstances particulieres qui annoncent que la caution ait intérêt de faire plutôt l'imputation sur l'autre créance. Si les créances se trouvoient aussi anciennes l'une que l'autre, & qu'il n'y eût d'ailleurs aucunes circonstances qui pussent déterminer à faire l'imputation plutôt sur l'une que sur l'autre, l'imputation se feroit au sol la livre. [d]

(c) Ubi fidejussor pro duobus dena fidejussit, obligatus est in viginti, & sive viginti, sive dena solverit utrumque, reum liberabit; sed si quinque solverit, videamus quem ex eis relever, in quinque erit ille relevatus de quo actum est, aut si non appareat antiquius debitum erit inspiciendum. Idem & si quindecim sint soluta, si quidem appareat quid actum sit in decem, & aliunde quinque erunt relevata; si vero non apparet ex antiquiore contractu decem, ex alio quinque erunt relevata. *L. ubi 24. ff. de solut. & liberat.*

(d) Illud non ineleganter scriptum esse Pomponius ait, si par & dierum & contractuum causa sit ex omnibus summis pro portione videri solutum. *L. illud 8. ff. de solut. & lib.*

Loix Civiles 1. part. liv. 4. tit. 6.

CHAPITRE XIX.

DES RESCISIONS ET RESTITUTIONS.

SOMMAIRES.

1. *La restitution peut avoir lieu pour une dot.*
2. *Restitution en faveur des mineurs.*
3. *Quand les mineurs sont-ils restitués ?*
4. *Les mineurs élevés en dignité peuvent-ils profiter du bénéfice de la restitution ?*
5. *Les mineurs peuvent-ils être restitués contre ce qui a été fait par leurs tuteurs & curateurs ?*
6. *Le mineur qui a reçû ce qui lui étoit dû & en a donné quittance, peut-il être restitué ?*
7. *Un mineur peut-il être restitué contre son cautionnement ?*
8. *La restitution accordée au mineur caution, sert-elle au principal débiteur ?*
9. *La ratification en majorité empêche-t-elle la restitution contre les actes passés en minorité ?*
10. *Un majeur peut-il être restitué ?*

11. *La restitution a-t-elle lieu en cas de fraude ?*

12. *De quel jour court le tems accordé pour se faire restituer contre un acte en cas de fraude de la part d'un des contractans ?*

13. *Restitution contre les actes contractés par force.*

14. *La restitution peut-elle aussi avoir lieu contre les actes passés par crainte ?*

15. *Quelle espece de crainte peut donner lieu à la restitution ?*

16. *Il faut que la crainte soit vraisemblable ?*

17. *Quelle preuve doit-on rapporter pour demander la restitution contre un acte comme fait par crainte ?*

18. *La crainte d'une accusation peut-elle donner lieu à la restitution ?*

19. *La restitution pour simple lezion, peut-elle avoir lieu au profit d'un majeur, quand un mineur a même interêt ?*

20. *Les delais accordés pour demander la restitution, peuvent-ils courir contre un exilé ?*

21. *Celui qui est restitué contre un contrat de vente, ne peut être tenu d'aucune garantie.*

22. *La caution est-elle dechargée, quand l'acquereur s'est fait restituer contre le contrat de vente ?*

I.

LA faveur de la dot ne peut pas empêcher la restitution dans les cas où les Loix l'ont accordée. [a]

(a) Quoniam circumventam dicis sororem tuam, omnia bona in dotem dedisse, an veritas allegationi tuæ adsistat, si ad te hæreditas fororis tuæ vel bonorum possessio pertinuit, & tempora nondum præterierint, intra quæ legibus conceditur ex personâ defuncti postulare in integrum restitutionem. Præses Provinciæ præsente adversâ parte examinabit. L. unicâ, cod. si adversus dotem.

II.

Les Loix ont accordé la restitution principalement en faveur des mineurs : il est juste que la Loi vienne au secours de ceux qui par la foiblesse de leur âge peuvent être plus facilement lezés.

III.

La qualité de mineur ne suffit pas pour le faire restituer contre une obligation contraire, il faut qu'il y ait de la lezion ; mais la restitution doit avoir lieu toutes les fois que le mineur est lezé, soit par l'acte en lui-même, soit par les suites de l'acte : ainsi un mineur qui aura emprunté de l'argent pourra être restitué contre l'obligation qu'il aura contractée, si les deniers qu'il a empruntés n'ont pas été employés utilement à son profit : la circonstance que la totalité des deniers mentionnés dans l'obligation lui a été fournie, ne peut faire obstacle à la restitution, quand le créancier ne peut pas prouver que les deniers ont tourné au profit du mineur. (b)

(b) Cum & ipse profitearis cum Zenodorâ minore viginti quinque annis te contraxisse, nec doceri potuisse Prætorem virum clarissimum ex eo contractu locupletiorem eam esse factam, intelligis eam meritò, in integrum restitutam. L. cum prima cod. si adversus creditorem.

Si ut allegas, minor annis pecuniam tenori accepisti, nec ea in rem tuam versa est, adversus cautionem per quam eo nomine non te obligasti, in integrum restitutionis auxilium potes solemniter postulare. L. sicut 2ª. cod. si adversus creditorem.

IV.

La restitution doit avoir lieu en

faveur de tous les mineurs, même de ceux qui font conftitués en dignité. (c)

(c) In filio-familias nihil dignitas facit quominus Senatufconfultum Macedonianum locum habeat; nam etiamfi Conful, vel cujufvis dignitatis Senatufconfulto locus eft. L. *verba* 11. §. *in filio* 3. *ff. de Senatufconfulto Macedoniano.*

V.

Les mineurs peuvent être reftitués contre des actes qu'ils ont paffés fous l'autorité de leurs tuteurs & curateurs; il eft vrai que le mineur a une action contre fon tuteur ou fon curateur, lorfque c'eft par la faute du tuteur ou du curateur que l'acte a été paffé; mais cette action du mineur vis-à-vis du tuteur, n'empêche pas le bénéfice de la reftitution, & le mineur a la faculté d'opter entre les deux actions. (d)

(b) Etiam in his quæ minorum tutores vel curatores male geffiffe probari poffunt, licet perfonali actione à tutore vel curatore jus fuum confequi poffint, in integrum tamen reftitutionis auxilium eifdem minoribus dari jampridem placuit. L. *etiam in his* 3. *cod. fi tutor vel curator intervenerit.*

Etiam tutoribus vel curatoribus diftrahentibus vel aliás contrahentibus, minores tam reftitui rebus propriis, quam tutorum vel curatorum damna fequi, nullo eis præjudicio per electionem generando placuit. L. *etiam tutoribus* 5. *cod. fi tutor vel curator intervenerit.*

V I.

Comme le mineur peut fe faire reftituer contre les obligations qu'il a contractées, fi les deniers qu'il a reçûs n'ont pas tourné à fon profit, la reftitution doit auffi lui être accordée contre les quittances qu'il a données, fi les deniers qui lui ont été payés, n'ont pas tourné à fon profit: c'eft au débiteur à s'imputer de n'avoir pas pris toutes les précautions néceffaires pour payer valablement. Ainfi fi le mineur reçoit le rembourfement d'une rente fans l'autorité de fon tuteur, le créancier ne peut être libéré que dans le cas où il prouve que les deniers ont tourné au profit du mineur qui a reçû ce rembourfement. Un mineur émancipé pourroit recevoir fes revenus & les dettes mobiliaires. Quoique le mineur même émancipé ne puiffe pas recevoir fans l'autorité de fon tuteur le rembourfement de fes rentes, & celui qui n'eft pas émancipé ne puiffe pas recevoir fes revenus ni fes dettes mobiliaires, le débiteur qui auroit payé en vertu d'une Sentence ou Arrêt, auroit payé valablement, s'il avoit oppofé la minorité du créancier, & que nonobftant cette défenfe on l'eût condamné à payer, mais pour que le payement fût valable, & que le mineur ne pût fe faire reftituer, il faudroit que le débiteur fût en état de prouver bien clairement que la Sentence ou l'Arrêt qui l'au-roit condamné à payer, n'auroient pas été paffés de concert. [e]

[e] Sed fi ei pecunia à debitore paterno foluta fit, vel propria, & hanc perdidit, dicendum eft ei fubveniri quafi geftum fit cum eo; & ideo fi minor conveniat debitorem, adhibere debet curatores, ut ei folvatur pecunia, cæterum non ei compelletur folvere, fed hodie folet pecunia in ædem deponi (ut Pomponius libro vigefimo octavo fcribit) ne vel debitor ultra ufuris oneretur, vel creditor minor perdat pecuniam, aut curatoribus folvi, fi fint. Permittitur etiam ex conftitutione Principum debitori compellere adolefcentem ad petendos fibi curatores. Quid tamen fi Prætor decernat folvendam pecuniam minori fine curatoribus, & folverit? An poffit effe fecurus dubitari poteft? Puto autem fi allegans minorem effe, compulfus fit ad folutionem, nifi forte quafi adverfus injuriam, appellandum quis ei putet; fed credo Prætorem, hunc minorem in integrum reftitui volentem auditurum non effe. L. *ait Prætor* 7. §. *fed erp* 2. *ff. de minoribus.*

VII.

VII.

Lorsqu'il s'agit de sçavoir si un mineur doit être restitué contre une obligation qu'il a contractée, on ne distingue pas s'il s'est obligé comme principal débiteur ou comme caution. La même raison qui determine à accorder à un mineur la restitution contre les actes qu'il a passé en qualité de principal débiteur, doit décider en sa faveur dans le cas où il s'est obligé comme caution. [f]

(f) Non solum autem in his ei succurritur, sed etiam in interventionibus : ut putà si fidejussorio nomine te, vel rem suam obligavit ; Pomponius autem videtur adquiescere distinguendibus, arbiter ad fidejussores probandos constitutus cum probavit, an verò ipse adversarius, mihi autem semper succurrendum videtur, si minor sit, se se circumventum doceat. L. sit prætor 7. §. non solum 3. ff. de minoribus.

VIII.

Comme l'obligation du débiteur principal peut subsister sans celle de la caution, la restitution accordée au mineur qui s'est obligé comme caution, ne peut pas profiter au débiteur principal. [g]

(g) Minor se in id quod fidejussit vel mandavit in integrum restituendo, reum principalem non liberat. L. minor 48. in ppio. ff. de minoribus.

IX.

La restitution que la Loi accorde aux mineurs contre les actes par lesquels ils sont lezés, ne peut avoir lieu lorsque les actes ont été ratifiés en majorité. [h]

(h) Si inter minores viginti quinque annis, vel scripturâ interpositâ, vel sine scripturâ, facta sine dolo divisio est, camque post legitimam ætatem ratam fecerint, manere integram delege convenit. L. si inter 1°. cod. si major factus.

X.

Les majeurs ne doivent pas avoir le même privilege que les mineurs ; le bénéfice de la restitution accordé aux mineurs lezés, ne doit pas leur être accordé. [i]

(i) Illud inspiciendum est num inofficiosi querelæ, vel palam, vel tacitâ dissimulatione sit renunciatum, nec hoc autem in tuam personam cadere posse, auxilium quod ætati impertitur ostendit. L. illud 1°. cod. de in integrum restitutione.

XI.

Les majeurs peuvent cependant se faire restituer contre les actes qu'on leur a fait passer par fraude. (k) Il n'est pas juste que celui qui a fait passer un acte par fraude, profite de sa mauvaise foi ; (l) d'où on voit que la restitution accordée aux majeurs differe de celle qui est accordée aux mineurs, en ce que la restitution accordée aux mineurs est purement en faveur des mineurs, au-lieu que celle qui est accordée aux majeurs, est moins accordée en faveur de ces majeurs qu'en haine de ceux contre lesquels elle est accordée. Il ne suffit pas à un majeur pour obtenir la restitution contre un acte, d'opposer que cet acte a eu la fraude pour principe, il faut prouver qu'il a été passé par la fraude de celui contre lequel on demande la restitution : il seroit ridicule de demander d'être restitué contre un acte, sous prétexte qu'il auroit été passé par la fraude d'un tiers qui n'y auroit aucun intérêt. (m)

(m) Si autem mihi persuaseris, ut repudiem hæreditatem quasi minus solvendo sit, vel ut operas servom, quasi melior ea in familiâ non sit : dico de dolo dandam, si callidè hoc feceris. Item si tabulæ testamenti ne de inofficioso diceretur suppressæ sint, mox mortuo filio proferri, hæredes filii adversus eos qui suppresserint, & lege Corneliâ & de dolo posse

experiri. *L. si quis 9. §. si autem 1. &
§. item 2. ff. de dolo.*

l) Ideo autem hanc exceptionem
Prætor proposuit, ne cui dolus suus per occasionem juris civilis contra naturalem
æquitatem profit. *L. quo Lucidius prima, §.
ideo 1. ff. de doli mali, & metûs exceptione.*

(*m*) Et quidem illud adnotandum est,
quod specialiter exprimendum est de cujus dolo quis quæratur : non in rem, si
meâ re dolo malo factum est, sed sic, si
in eâ re nihil dolo malo actoris factum est.
Docere igitur debetis qui objicit exceptionem, dolo malo actoris factum, nec
sufficiet ei ostendere in re esse dolum. *L.
palam 2. §. sequitur 1. ff. de doli mali &
metûs exceptione.*

X I I.

Le tems accordé pour se faire
restituer contre un acte dans le cas
de fraude, ne doit commencer à courir que du jour que la fraude a été
découverte.

X I I I.

Lorsqu'un acte a été passé par
force, il y a aussi lieu à la restitution,
quand même l'acte auroit été passé
par un majeur. (*n*) Cependant si
l'acte avoit été ratifié dans la suite
par un acte postérieur, la restitution
ne devroit pas avoir lieu ; ainsi celui
qui a payé volontairement un billet
qu'il prétend n'avoir fait que par
force, ne peut pas demander la restitution ; le payement volontaire
semble même annoncer que le billet a été fait volontairement & sans
contrainte. (*o*)

(*n*) Venditiones, donationes, transac-
tiones quæ per potentiam extortæ sunt,
præcipimus infirmari. *L. venditiones 12.
cod. de his quæ vi.*

(*o*) Cum te non solùm cavisse, verùm
etiam solvisse pecuniam confitearis : quâ
ratione ut vim passus restitui quod illatum
est postules perspici non potest, quando
verisimile non sit ad solutionem te pro-
perasse omissâ querelâ de chirographo, ut-
pote per vim extorto, nisi & in solvendo vim te passum dicas. *L. cum te 2. cod.
de his quæ vi.*

X I V.

La craite est aussi une des causes
qui donnent lieu à la restitution. (*p*)

(*p*) Celsus libro decimo quinto Digestorum scripsit eum qui metu verberum
vel aliquo timore coactus fallens adierit
hæreditatem, sive liber sit, hæredem non
fieri placet, sive servus sit dominum hæredem non facere. *L. qui in alienâ 6. §.
Celsus 7. ff. de adquirendâ vel omit.
hæred.*

Quod metûs causâ gestum erit, nullo
tempore Prætor ratum habebit. *L. si mulier 21. §. quod. methr. 1. ff. quod metûs
causâ.*

X V.

Pour demander la restitution contre un acte, sous prétexte qu'il a été
passé par crainte, il faut que la crainte soit pour un danger réel. (*q*)

(*q*) Metum autem præsentem accipere
debemus, non suspicionem inferendi ejus,
& ita Pomponius libro vigesimo octavo
scribit : ait enim metum illatum accipiendum, id est si illatus est timor ab aliquo :
denique tractat, si fundum meum de-
reliquero, audito quod quis cum armis
veniret, an huic edicto locus sit, & refert Labeonem existimare edicto locum
non esse, & unde vi interdictum cessare,
quoniam non videor vi dejectus, qui de-
jici non expectari, sed profugi ; aliter atque si posteà quam armati ingressi sunt
discessi, huic enim edicto locum facere ;
idem ait, & si forte adhibitâ manu in meo
solo per vim ædifices, & interdictum quod
vi aut clam, & hoc edictum locum habere, scilicet quoniam metu patior id
te facere, sed & si per vim tibi possessionem tradidero, dicit Pomponius hoc
edicto locum esse. *L. metum 9. in ppis.
ff. quod metûs causâ.*

X V I.

C'est à celui qui demande à être
restitué, sous prétexte que l'obligation qu'il a contractée a été passée par crainte, à faire voir que
la crainte a été le principe de l'acte ;
il faut même que les preuves soient

claires & précises, car on ne présume pas volontiers qu'une personne ait été contrainte de passer un acte. Il y a même des circonstances qui exigent quelquefois des preuves encore plus lumineuses : ainsi si l'obligation a été passée dans un endroit où on pouvoit empêcher la violence en s'adressant aux Magistrats , on ne présumera pas facilement que l'acte n'ait été passé que par force. Si un acte est en présence de plusieurs amis qui auroient pû empêcher la violence , on ne présumera pas que cet acte ait été passé par crainte. (r)

(r) Non erit verisimile compulsum in urbe iniquâ indebitum solvisse, eùm qui claram dignitatem se habere prætendebat, cùm potuerit jus publicum invocare, & adire aliquem potestate præditum, qui utique vim eam pati prohibuisset. L. non erit 23. in ppio. ff. quod. metûs causâ.

Transactionem quæ dominii translatione vel actione peractâ seu peremptâ finem accepit , cum ea amicis etiam intervenientibus reverà ostenditur processisse , metûs velamento rescindi postulantis professio detegit improbitatem. L. transactionem 35. cod. de transactionibus.

XVII.

On ne pourroit pas demander la restitution contre un acte sous prétexte de simples menaces. (f)

(f) Metum non factionibus tantum vel contestationibus, sed atrocitate facti probari convenit. L. metum 9. cod. de his quæ vi.

XVIII.

La crainte d'une accusation déja intentée, ou dont on est menacé, ne peut doner lieu à la restitution. (t)

(t) Accusationis institutæ vel futuræ metu alienationem seu promissionem factam rescindi postulantis improbum est desiderium. L. accusationis 10. ff. de his quæ vi.

XIX.

Un majeur & un mineur ayant contracté conjointement une même obligation , le mineur peut être restitué pour cause de lezion, sans que le majeur puisse jouir du privilege accordé au mineur , quoique la restitution soit accordée pour le même objet. [u]

(u) Nec si major viginti quinque annis soror vestra fuit , vobis non mandantibus, nec ratam transactionem habentibus de jure vestro quicquam minuere potuit. Nam si cognitis quæ gessit his consensum post viginti quinque annos ætatis commodastis , quamvis illa minor proportione suâ restitutionis auxilium implorare possit , vobis tamen ad communicandum edicti perpetui beneficium ejus ætas patrocinari non potest. L. unicâ cod. si in communi.

XX.

Les délais accordés par la Loi pour pouvoir demander la restitution, courent contre les exilés & les bannis. (x)

(x) Papinianus libro secundo responsorum ab exuli reverso non debere prorogari tempus in integrum restitutionis statutum , cùm potuerit adire Prætorem per procuratorem. L. Papinianus 20. ff. de minoribus.

XXI.

Celui qui est restitué contre un contrat de vente , ne peut pas être garant de la vente, [y]

(y) Postquam in integrum ætatis beneficio restitutus es , periculum evictionis emptori cui prædium ex bonis paternis vendidisti, præstare non cogeris. L. postquam prima cod. de fidejuss. min.

XXII.

Si quelqu'un s'est rendu caution de la vente , la restitution accordée au vendeur, n'empêchera pas l'acquereur d'agir contre la caution. (z)

(z) Sed ea res fidejussores qui pro te intervenerunt , excusare non potest. L. postquam 1. cod. de fidejuss. min.

CHAPITRE XX.

DES HERITIERS EN GENERAL.

SECTION PREMIERE.

De la qualité d'heritier, & de l'hérédité.

SOMMAIRE.

I. *De commorientibus.*

I.

IL arrive quelquefois que deux personnes dont l'une est héritiere présomptive de l'autre, ou qui sont reciproquement héritieres présomptives l'une de l'autre, perissent dans le même naufrage ou autre semblable acident, sans qu'il soit possible de sçavoir lequel des deux est mort le premier ; cependant il faut dans ce cas que la Justice se determine pour supposer que l'un est mort avant l'autre ; le fait ne pouvant s'éclaircir, il paroît difficile de se décider. Dans cette incertitude, le parti le plus sage qu'on puisse prendre, est de se déterminer par la faveur des personnes qui se présentent. Ainsi si un pere & un fils sont tous deux tués à l'Armée, sans qu'on puisse sçavoir lequel est mort le premier, si la succession de ce fils se trouve reclamée par la mere & par des collateraux, il semble plus conforme à l'équité naturelle de supposer que le pere est mort le premier, afin de pouvoir déferer à la mere la succession du fils qui appartiendroit aux collateraux si on supposoit qu'il fût mort avant son pere ; si au contraire les héritiers qui soutiendroient que le fils seroit mort avant le pere étoient plus favorables que ceux qui auroient intérêt de soutenir que le pere seroit mort le premier, il faudroit dans ce cas supposer que le pere auroit survécu son fils ; en un mot c'est par la faveur des différens héritiers qui se présentent qu'il faut se déterminer (*a*). Il n'en seroit pas de même s'il ne s'agissoit que d'un legs ; ce seroit dans ce cas à celui qui représenteroit le légataire, à prouver que le testateur seroit mort le premier. La différence entre ces deux cas résulte de ce que dans le cas de la succession la Justice se trouve forcée de supposer que l'un des deux a survécu l'autre, au lieu que dans le cas d'un legs cette supposition n'est pas absolument nécessaire ; mais c'est à celui qui se fonde sur le predecès du testateur à prouver que le légataire a réellement survécu.

(*a*) Cum in bello pater cum filio perisset, materque filii quasi postea mortui bona vindicaret, adgnati verò patris quasi filius ante perisset, divus Adrianus credidit patrem prius mortuum. *L. qui duo* 9. §. *cum in bello* 1°. ff. *de rebus dubiis.*

1.

SECTION II.

Qui peut être héritier, & quelles sont les personnes incapables de cette qualité.

SOMMAIRE.

1. *Le fils de l'heritier incapable peut-il succeder ?*

I.

L'Incapacité du pere n'est pas un moyen d'exclusion contre le fils ; il peut succeder s'il ne se trouve pas de plus proche parent. (a)

(a) Si quâ pœnâ pater fuerit affectus, ut vel civitatem amittat, vel servus pœnâ efficiatur, sine dubio nepos filii loco succedit. *L. si quâ 7. ff. de his qui sui vel al. juris sunt.*

SECTION III.

Quelles sont les personnes indignes d'être heritieres.

SOMMAIRES.

1. *Celui par la faute duquel une personne meurt, peut-il être son heritier ?*
2. *Celui qui est indigne d'être heritier, peut-il recueillir dans la succession d'un tiers les biens de la succession qu'il n'a pû recueillir directement ?*

TOut homme qui en tue un autre, est indigne de lui succeder ; cette même indignité a aussi lieu contre celui qui cause la mort à celui dont il est héritier, en lui refusant les secours nécessaires ou autrement, pourvû néanmoins qu'il soit bien prouvé que cet héritier n'a ainsi agi que dans le dessein de faire mourir celui dont il étoit héritier. (a)

(a) Indignum esse Divus Pius illum decrevit, ut & Marcellus libro duodecimo Digestorum refert, qui manifestissimè comprobatus est id egisse, ut per negligentiam & culpam suam mulier a quâ hæres institutus erat, moreretur. *L. Indignum 3. ff. de his quæ ut indignis.*

II.

Il sembleroit naturel de dire que celui qui a été jugé indigne d'être heritier d'un défunt, ne pourroit recueillir les biens de la succession de ce défunt, même lorsqu'ils se trouveroient dans la succession d'un autre ; cependant on ne pourroit pas lui contester ces biens lorsqu'il les prendroit dans la succession d'un tiers, parce qu'il ne les auroit pas comme héritier de celui dont il a été jugé indigne d'être héritier, mais comme héritier d'un tiers vis-à-vis duquel il n'auroit aucune indignité. (b)

(b) Quia non principaliter in Titii hæreditatem succedit. *L. qui Titii 7. ff. de his quæ ut indignis.*

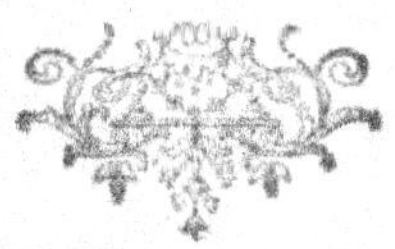

C H A P I T R E XXI.

COMMENT ON ACQUIERT UNE HEREDITÉ, ET COMMENT ON Y RENONCE.

SOMMAIRES.

1. Celui qui ne peut pas être héritier, ne peut pas faire acte d'héritier.

2. Un mineur peut-il faire acte d'héritier sans l'autorité de son tuteur ?

3. Celui qui ne s'est pas immiscé, ne peut être héritier.

4. Celui qui demande la communication des inventaires & pieces inventoriées, ne fait pas acte d'héritier.

5. La poursuite de la vengeance de la mort du défunt doit-elle être regardée comme un acte d'héritier ?

6. Celui qui prend soin de la sépulture du défunt, fait-il acte d'héritier ?

7. Ce qui est fait par force, ne peut donner la qualité d'héritier.

I.

POur qu'un acte puisse être regardé comme un acte d'héritier, il faut que celui qui le fait, puisse réellement être héritier. Si un étranger fait un acte qui auroit donné au plus proche parent la qualité d'héritier, cet acte ne pourra donner aucune qualité d'héritier à cet étranger. (*a*)

(*a*) Nolle adire hæreditatem non videtur qui non potest adire. *L. nolle 4. ff. de adquirendâ vel am. hered.*

Si quis extraneus rem hæreditariam quasi subripiens vel expilans tenet, non pro hærede gerit. *L. si quis 31. in ppio. ff. de adquir. vel am.*

Sed ita demum pro hærede gerendo adquiret hæreditatem, si jam sit ei delata. *L. si quis 21. §. sed ita 2. ff. de adq. vel amit. hæred.*

I I.

Aucuns des actes passés par un mineur sans l'autorité de son tuteur, ne peuvent être regardés comme des actes qui puissent donner au mineur la qualité d'héritier ; un mineur ne peut pas accepter une succession sans l'autorité de son tuteur. (*b*)

(*b*) Pupillus si fari possit, licet hujus ætatis sit ut causam adquirendæ hæreditaris non intelligat, quamvis non videatur scire hujusmodi ætatis puer, neque enim scire, neque decernere talis ætas potest, non magis quam furiosus, tamen cum tutoris authoritate hæreditatem adquirere potest. Hoc enim favorabiliter eis præstatur. *L. pupillus 9. ff. de adquir. vel amit. hæred.*

Cette Loi ne décide pas précisément que le mineur ne puisse pas faire d'acte d'héritier sans l'autorité de son tuteur, mais elle suppose le principe, en décidant que ce n'est que par la faveur accordée aux mineurs, qu'ils peuvent accepter une succession avec l'autorité de leurs tuteurs.

I I I.

Celui qui ne s'est pas immiscé, ne peut pas être héritier, quand même il n'auroit pas renoncé à la succession. (*c*)

(*c*) Et qui se non miscuit hæreditati paternæ, sive major sit, sive minor, non est necesse Prætorem adire, sed sufficit se non miscuisse hæreditati. Et est in se-

neftribus civili Sotero & Victorino ref-
criptum non effe neceffe pupillis in integrum reftitui ex aëto contraëtu, quorum pater conftituerat, non adgnofcere
hæreditatem, neque quicquam admoverat,
vel pro hærede gefferat. *L. et qui* 12. *ff.
de adquir. vel omit. hæred.*

En ligne collaterale il fuffit de
déclarer qu'on ne veut pas accepter
la fucceffion ; en ligne directe il
faut une renonciation précife, mais
dans l'un & l'autre cas on eft toujours en droit de faire ces déclara-
tions ou renonciations tant qu'on
ne s'eft pas immifcé.

IV.

La communication des inventaires & pieces inventoriées requife par
l'héritier préfomptif, n'eft pas un de
ces aëtes qui donne la qualité d'héritier ; cette communication ne fe
demande ordinairement que pour
fçavoir fi on acceptera la fucceffion ou non, (*d*) cette demande
ne pourroit donner la qualité d'héritier que dans le cas où l'héritier
préfomptif auroit réellement pris
la qualité d'héritier, & même dans
ce cas ce ne feroit pas la demande
en elle-même qui donneroit la qualité d'héritier, ce feroit la déclaration faite par l'héritier préfomptif.

(*d*) Qui hæres inftitutus prohibeatur ab
eo qui uná inftitutus jam hæreditatem
adiit, tabulas, litteras, rationes infpicere
mortui, unde fcire poffet, an fibi adeun-
da effet hæreditas, non videtur pro
hærede gerere. *L. qui hæres* 29 *ff. de adquir. vel omit.*

V.

La pourfuite de la vengeance de
la mort d'un défunt, n'eft pas
non plus un aëte qui donne la qualité d'héritier. (*e*)

(*e*) Quia nihil ex bonis patris capit,
non videtur bonis immifcere, hæc enim
aëtio privata & vindiëtam potius quam
rei perfecutionem continet, *L. pro hærede*

20. §. *fi fepulcri* 5. *ff. de adq. vel ex
hæred.*

VI.

Le payement des frais funeraires
n'imprime pas la qualité d'héritier
à celui qui les a payés, on préfume
toujours que c'eft par piété que ce
dernier devoir a été rempli ; celui
qui craint de s'engager peut faire
des proteftations pour éviter tout
incident, cependant elles ne font
néceffaires que dans le cas où l'héritier préfomptif voudroit repeter
ce qu'il auroit payé (*f*) ; on pourroit même foutenir que fans ces
proteftations le parent qui auroit
payé les frais funeraires, feroit en
droit de les repeter fur les biens de
la fucceffion, & cela paroît jufte.

(*f*) Scriptus hæres prius quam hæreditatem adeat, patrem-familias mortuum
inferendo, locum facit religiofum, nec quis
putet hoc ipfo pro hærede eum gerere. Finge enim adhuc eum deliberare de adeun-
da hæreditate: ego etiam fi non hæres fim
intulerit, fed quivis alius hærede vel ceffan-
te, vel abftinente, vel verente ne pro hærede gerere videatur, tamen locum religiofum facere puto, plerumque enim defunëti
ante fepeliuntur, quam quis hæres eis exif-
tet, fed tunc locus fit religiofus, cum defunëti fint. *L. fcriptus* 4. *ff. de religiofis &
fumptibus funerum.*

Plerique filii cum parentes fuos fune-
rant, vel alii qui hæredes fieri poffunt,
licet ex hoc ipfo, neque pro hærede gef-
tio, neque aditio præfumatur, tamen ne
vel mifcuiffe neceffarii vel cæteri pro hærede geffiffe videantur, folent teftari pietatis gratiâ facere fe fepulturam. Quid fi
fupervacuo fuerit factum, an illud fe mu-
nire videatur, ne mifcuiffe fe credantur,
an illud non ut fumptum confequantur:
quippe proteftantur pietatis gratiâ fe id
facere? Plenius igitur eos teftari oportet,
ut & fumptum poffint fervare. *L. et fi plerique* 8. *ff. de religiofis et fumptibus funerum.*

La Coutume de Nivernois, titre
des fucceffions, article 26. porte :
» Qui paye les dettes & frais fune-
» raux du défunt ou s'entremet »

» l'adminiſtration de ſes biens après
» ſon décès , s'il eſt habile à lui
» ſucceder, & fait leſdits actes ſim-
» plement , il eſt tenu & reputé
» héritier, & ne peut après répudier
» la ſucceſſion, quelque proteſtation
» ou modification qu'après il faſſe ,
» ou veuille faire au contraire. »

Coquille ſur cet article dit : » je
» crois que cette clauſe , payer les
» frais funeraux , doit être entendue
» quand on fait leſdits frais à pren-
» dre ſur les biens héreditaires, ou
» que par autres circonſtances on
» peut juger de l'intention de la
» perſonne qui fait tels actes , &
» non pas prendre ainſi cruement le
» cas de cet article. »

VII.

Il n'y a que ce qui eſt fait volontairement & ſans contrainte, qui
puiſſe donner la qualité d'héritier :
les actes faits par force & violence
ne peuvent imprimer cette qualité
qu'on ne peut avoir ſans l'intention. [g]

(g) Cum qui metu verberum vel aliquo timore coactus fallens adierit hæreditatem, ſive liber ſit, hæredem fieri non
placet , ſive ſervus ſit, Dominum hæredem
non facere. L. qui in alienâ 6. §. cum qui
7. ff. de adquirendâ vel omittendâ hæreditate.

Loix Civiles
2. part. livre
3.
tit. 4.

CHAPITRE XXII.

DES PARTAGES ENTRE COHERITIERS.

SOMMAIRES.

1. Ce qui a été preſcrit par un heritier, entre-t'il en partage ?
2. Les partages ſont-ils nuls, quand ils ne ſont pas rédigés par écrit ?
3. Les partages faits entre majeurs , ne doivent pas être révoqués.

I.

TOus les biens qui ſe trouvent
dans la ſucceſſion d'un défunt
doivent entrer dans le partage. S'il
y a dans cette ſucceſſion des im-
meubles que le défunt avoit acquis
de celui qui n'étoit pas propriétaire,
il n'y a pas de doute que ſi la poſſeſſion du défunt a été ſuffiſante
pour acquerir la preſcription , l'immeuble doit entrer dans le partage ;
mais ſi le défunt n'a pas poſſedé aſſez
long-tems pour arquerir la preſcription, & que les héritiers ayant continué la poſſeſſion du défunt , ayent
acquis la preſcription , l'immeuble
doit auſſi entrer dans le partage ,
parce que les héritiers ne tiennent
leur droit que du défunt dont ils ont
continué la poſſeſſion. [a]

(a) Veniunt in hoc judicium res quas
hæredes uſuceperunt, cum defuncto traditæ eſſent ; hæ quoque res quæ hæredibus
tradicæ ſunt, cum defunctus emiſſet. L. veniunt 9. ff. familiæ erciſcundæ.

II.

On doit avoir ſoin quand on fait
le partage des biens d'une ſucceſſion, de le rediger par écrit , afin
qu'on puiſſe conſtater ce dont les
parties ſont convenues ; cependant
un partage n'eſt pas nul pour n'a-
voir pas été redigé par écrit. Un
coheritier qui conviendroit que le
partage

partage des biens d'une succession commune a été fait de vive voix, qui conviendroit de toutes les clauses de ce partage, n'opposeroit pas d'autres moyens pour le detruire, sinon qu'il n'auroit pas été redigé par écrit, seroit condamné d'executer le partage. [b]

(b) Non ideo divisio inter te & fratrem tuum, ut proponis, facta, irrita habenda est, quod eam scriptura secuta non est, cum fides rei gestæ ratam divisionem satis affirmet. L. non ideo 12. cod. familiæ erciscundæ.

III.

Les partages faits entre majeurs doivent être executés : un copartageant ne seroit pas recevable à demander un nouveau partage, quand le premier auroit été fait en majorité. (c)

(c) Si inter vos majores annis viginti quinque rerum communium divisio, relictâ vel translatâ possessione, finem accepit, instaurari mutuo bonâ fide terminata consensu minimè possunt. L. si inter 8. cod. communia utriusque judicii.

CHAPITRE XXIII.

DES SUCCESSIONS TESTAMENTAIRES.

SOMMAIRES.

1. *Condition requise pour profiter d'une disposition testamentaire.*
2. *Les testamens doivent-ils être écrits de la main du testateur ?*
3. *Le testament de celui qui s'est tué, est-il valable ?*
4. *Un furieux peut-il tester ?*
5. *Est-il capable de recevoir un legs ?*
6. *Peut-on leguer à toutes sortes de personnes ?*
7. *Les testamens peuvent être révoqués nonobstant la faveur de ceux au profit desquels ils contiennent des dispositions.*
8. *Un fils de famille peut-il recevoir par testament ?*

I.

LA premiere condition requise pour profiter d'une disposition testamentaire, est que le testateur ait la faculté de disposer par testament. [a]

(a) Si testamentum jure factum sit, & hæres sit capax authoritate rescripti nostri, rescindi non oportet. L. si testamentum 15. cod. de testamentis.

Si quæramus an valeat testamentum, imprimis animadvertere debemus, an is qui fecerit testamentum, habuerit testamenti factionem, deinde si habuerit, requiremus an secundùm regulas juris civilis testatus sit. L. Si quæramus 4. ff. qui testamenta facere possunt.

II.

Il n'est pas nécessaire qu'un testament soit écrit de la main du testateur ; il est valable lorsqu'il est reçu par un Officier public ayant caractere pour le recevoir. (b)

(b) Qui manus amisit, testamentum facere potest, quamvis scribere non possit. L. qui manus. 10. ff. qui testamenta facere possunt.

III.

Le testament de celui qui s'est donné la mort à lui-même, ne peut donner aucun droit aux légataires, si l'homicide a été volontaire, & par conséquent criminel, mais si l'homicide a été involontaire, le testament sera valable. (c)

(c) Si is qui te cum uxore tuâ hæredem scripsit, quando testamentum ordinavit sanæ mentis fuit, nec postea alicujus sceleris conscientiâ obstrictus, sed aut impatiens doloris, aut aliquâ furoris rabie constrictus, se præcipitem dedit, ejusque innocentia liquidis probationibus commendari potest à te : adscitæ mortis obtentu postremum ejus judicium convelli non debet. Quod si futuræ pœnæ metu voluntariâ morte supplicium anteverterit, ratam voluntatem ejus conservari leges vetant. *L. si is 2. cod. qui testamenta facere possunt vel non.*

I V.

Un furieux ne peut pas tester, son état lui ôtant la liberté du consentement nécessaire pour pouvoir disposer par testament. (d)

(d) Furiosus testamentum facere non potest. *L. filius-familias 16. §. Marcellus 1. ff. qui testamenta facere possunt.*

V.

Quoiqu'un furieux ne puisse pas disposer par testament, il peut recueillir les legs qui lui sont faits. (e)

(e) Furiosus quoque testamenti factionem habet, licet testamentum facere non possit, ideo autem habet testamenti factionem, quia potest sibi adquirere legatum vel fideicommissum, nam etiam compotibus mentis personales actiones etiam ignorantibus adquirentur. *L. filius-familias 16. §. Marcellus 1. ff. qui testam. facere possunt.*

V I.

Un testateur peut leguer à toute sorte de personnes, même à ceux qui sont le plus élevés en dignité, & les legs sont valables, à moins qu'il n'y ait d'autres raisons qui en fassent prononcer la nullité. (f)

(f) Non dubium nec incertum est, sicut Imperatoribus ita quâlibet dignitate vel potestate decoratis viris, tam hæreditatem quam legatum seu fideicommissum relinqui posse. *L. non dubium 16 cod. de testamentis.*

V I I.

Les testamens sont révocables jusqu'au dernier moment de la vie; la faveur de ceux au profit desquels les dispositions qu'il contient sont faites ne peut pas servir d'obstacle à cette revocation. (g)

(g) Si quis Imperatorem fortè hæredem instituerit, habeat mutandi judicii facultatem, & quemcumque voluerit secundum leges in testamento suo hæredes scribendi. *L. si quis 6. cod. qui testamenta facere possunt vel non.*

V I I I.

Un fils de famille ne peut pas tester pendant qu'il est sous la puissance de son pere, mais il peut recevoir par testament. (h)

(h) Filius-familias & servus alienus & posthumus & surdus testamenti factionem habere dicuntur; licet enim testamentum facere non possint, attamen ex testamento vel sibi vel aliis acquirere possunt. *L. filius-familias 16. in prie. ff. qui testamenta facere possunt.*

CHAPITRE XXIV.

DU TESTAMENT INOFFICIEUX ET DE L'EXHEREDATION.

SOMMAIRES.

1. *Celui qui a approuvé le testament, ne peut intenter la querelle d'inofficiosité.*
2. *Le fils de famille peut-il attaquer un testament que son pere a approuvé en recevant un legs ?*
3. *L'Avocat du légataire peut-il intenter la querelle d'inofficiosité ?*
4. *L'action passe-t'elle à l'héritier ?*
5. *Quid, si celui qui a intenté la querelle d'inofficiosité, paroît l'avoir abandonnée ?*
6. *Un testament peut être déclaré inofficieux sans donner atteinte aux donations entre-vifs ?*
7. *Si un testament est déclaré inofficieux, celui au profit duquel il contenoit des dispositions, conserve tous ses droits contre la succession.*
8. *Lorsqu'un testament est attaqué comme inofficieux, les légataires sont en droit d'intervenir dans la contestation.*
9. *Quelle preuve doivent faire ceux qui intentent la querelle d'inofficiosité ?*

I.

Celui qui a approuvé les dispositions contenues dans un testament, est non recevable à intenter la querelle d'inofficiosité. (a)

(a) Nihil interest sibi relictum legatum filius exhæredatus agnoverit, an filio, servove relictum consecutus sit, utrobique enim præscriptione summovebitur. *L. nihil* 12. *ff. de inof. test.*

II.

Le fils de famille peut intenter la querelle d'inofficiosité contre le testament de sa mere, quoique son pere sous la puissance duquel il est, soit institué héritier ou légataire par ce testament, & ait accepté le legs ou l'hérédité. (b)

(b) Filius non impeditur quominus inofficiolum testamentum matris accusaret, si pater ejus legatum ex testamento matris accepisset, vel adiisset hæreditatem, quanquam in ejus esset potestate. *L. filius* 22. *in ppio. ff. de inoff. test.*

III.

L'Avocat qui a plaidé pour un légataire qui demandoit la délivrance d'un legs, est non recevable à intenter la querelle d'inofficiosité. Il en seroit de même du Procureur. (c)

(c) Si exhæredatus petenti legatum ex testamento advocationem præbuit, procurationemve susceperit, removetur ab accusatione, adgnovisse enim videtur qui quale quale judicium defuncti comprobavit. *L. si exhæredatus ult. in ppio. ff. de inoffic. test.*

IV.

La querelle d'inofficiosité est une action qui passe à l'héritier, lorsque celui auquel elle étoit donnée, a intenté son action, ou lorsqu'il y a des preuves indubitables qu'il vouloit l'intenter. (d)

(d) Cum quæritur an filii de inofficioso patris testamento possint dicere, si quartam bonorum partem mortis tempore

teſtator reliquit inſpicitur. *L. cum queri-*
tur 5. *cod. de inoſ. teſt.*

V.

Mais s'il paroît que celui qui
avoit intenté la querelle d'inofficioſité ait eu envie de l'abandonner,
cette action ne paſſera pas à l'héritier : il ne ſuffit pas pour la faire
paſſer à l'héritier que l'action ait
été intentée, il faut que celui qui
l'a intentée y ait perſeveré. (*e*)

(*e*) Hæredi ejus qui poſt litem de inofficioſo præparatam mutatâ voluntate de-
ceſſit, non datur de inofficiolo querela,
non enim ſufficit litem inſtituere, ſi non
in eâ perſeveret. *L. nam & ſi* 13. §. *hæ-*
redi. 1. *ff. de inoſ. teſt.*

VI.

Lorſque l'héritier intente la querelle d'inofficioſité contre un teſtament,
le teſtament peut être déclaré inofficieux, ſans que les donations
entre-vifs ſoient revoquées comme
inofficieuſes, [*g*]

(*g*) Etiamſi querela inofficioſi teſta-
menti obtinuerit, non ideo tamen donationes quas vivus ei perfeciſſe propo-
nitur, infirmari, neque in dotem da-
torum partem vindicari poſſe reſpondi.
L. etiam 11. *ff. de inoſſ. teſt.*

VII.

Quand une perſonne a été inſ-
tituée héritiere ou légataire univer-
ſelle par un teſtament, ſi le teſtament eſt déclaré inofficieux, l'héritier inſtitué ou le légataire univerſel
conſerve contre la ſucceſſion tous les
droits qu'ils pouvoient avoir avant
d'avoir accepté l'heredité ou le legs
univerſel. (*h*)

(*h*) Idem reſpondit evictâ hæreditate
per inofficioſi querelam ab eo qui hæres
inſtitutus eſſet, perinde omnia obſervari
oportere, ac ſi hæreditas adita non
fuiſſet, & ideo & petitionem integram
debiti hæredi inſtituto adverſus eum qui

ſuperavit competere, compenſationem
debiti. *L. cum qui* 21. §. *idem reſpon-*
dit 2. *ff. de inoſ. teſt.*

VIII.

Quand un teſtament eſt attaqué
comme inofficieux, les legataires
ont droit d'intervenir dans la con-
teſtation pour ſoutenir le teſtament. [*i*]

(*i*) Si ſuſpecta colluſio ſit legatariis inter ſcriptos hæredes & eum qui de inofficioſo teſtamento agit, adeſſe etiam le-
gatarios, & voluntatem defuncti tueri conſ-
titutum eſt, eiſdemque permiſſum eſt etiam
appellare ſi contra teſtamentum pronun-
tiatum fuerit. *L. ſi ſuſpecta* 29. *in ppio.*
ff. de inoſ. teſt.

IX.

Les enfans qui intentent la querelle d'inofficioſité contre le teſtament de leurs peres & meres, doivent
prouver qu'ils ont rempli envers
leurs peres & meres les devoirs que
la nature exigeoit d'eux; les héritiers
inſtitués au contraire doivent prouver que ces enfans ont été ingrats
envers leurs peres & meres. (*k*)

(*k*) Liberi de inofficioſo querelam contra teſtamentum parentum moventes pro-
bationem debent præſtare, quod obſe-
quium debitum jugiter prout ipſius naturæ
religio flagitabat, parentibus adhibuerint,
niſi ſcripti hæredes oſtendere maluerint
ingratos liberos contra parentes extitiſſe.
L. liberi 28. *cod. de inoſ. teſt.*

Il ſemble que cette Loi priſe à
la lettre, décharge les héritiers inſtitués de faire la preuve de l'ingratitude des enfans. Ces expreſſions,
niſi ſcripti hæredes oſtendere maluerint,
annoncent qu'il n'y a aucune obligation de leur part; cependant il eſt plus
naturel de dire que c'eſt à ces héritiers
inſtitués à prouver l'ingratitude des
enfans, & au défaut de preuve, la
preſomption doit être en faveur des
enfans.

CHAPITRE

CHAPITRE XXV.

DES LEGS.

SOMMAIRES.

1. Un legataire peut-il accepter un legs pour partie ?
2. Ses heritiers le peuvent-ils ?
3. Legs à la volonté de l'heritier.
4. Ce qui est contre les bonnes mœurs ne doit pas être suivi.
5. Legs fait pour accepter une tutelle.
6. Un legs fait à condition de se marier suivant l'avis d'une personne qui est morte lors du décès du testateur, est-il valable ?
7. Legs fait pour se marier, est-il valable quand le legataire est marié ?
8. Legs fait à condition de ne pas épouser une certaine personne.
9. Legs fait à condition d'épouser une certaine personne.
10. Legs fait à une condition qui dépend de la volonté d'un tiers.
11. Conditions honteuses.
12. Fausse dénomination du legataire.
13. Erreur dans le nom de la chose leguée.
14. Legs fait en compensation.
15. Effet legué en totalité à une personne, & en partie à une autre.
16. Le legs de certains effets est-il nul, si le testateur ne les possedoit plus lors de son décès ?
17. Legs d'un livre est-il valable s'il ne se trouve pas complet ?
18. Le legs d'une certaine somme au-delà de ce que le testateur doit, est-il valable ?
19. Legs excedans les facultés du testateur.
20. Legs d'un à fonds l'exception des vignes, est-il valable lorsqu'il n'y a pas de vignes ?
21. Si le même effet est legué dans le même testament plusieurs fois à la même personne, le legataire peut-il demander l'effet & l'estimation ?
22. Quid, si le même effet est legué par differentes personnes.
23. Quid, si la même somme est leguée plusieurs fois par le même testament.
24. Un testateur peut-il leguer ce qui appartient à un tiers ?
25. L'usufruit legué étant chargé d'un legs annuel, les heritiers du testateur sont-ils obligés de le continuer après la mort de l'usufruitier ?
26. Les heritiers de l'usufruitier peuvent-ils y être obligés ?
27. Un legs annuel finit-il par la mort civile du legataire ?
28. Quand de deux effets un testateur en legue un, qui doit avoir l'option de l'heritier ou du legataire ?
29. S'il y du doute si le testateur a legué l'effet ou l'estimation qui doit avoir l'option ?
30. Quid juris, si le testateur a donné l'option entre deux effets, & a disposé d'un des deux de son vivant.
31. Le legataire doit-il avoir le fonds legué exempt de tout droit de servitude ?

Z

32. Si le fonds legué étoit chargé d'un droit de servitude envers le fonds de l'héritier, la servitude subsistera-t'elle ?

33. Si le fonds de l'héritier étoit chargé d'un droit de servitude, ce droit subsistera.

34. Le legs de l'usufruit d'une maison a-t-il lieu si la maison a été reconstruite de nouveau depuis la confection du testament ?

35. Quid, si elle n'a été reconstruite qu'en partie.

36. Si le testateur a legué un troupeau, le legs pourra-t'il avoir lieu s'il ne reste qu'une bête lors du decès du testateur ?

37. Si le testateur avoit joint à une maison un meuble qu'il avoit legué, le legs seroit-il censé revoqué ?

I.

UN legataire ne peut pas diviser le legs qui lui est fait, en accepter une partie & renoncer à l'autre ; il doit ou accepter la totalité du legs ou renoncer à la totalité. (*a*)

(*a*) Legatarius pro parte adquirere, pro parte repudiare legatum non potest. L. *legatarius* 38. *in ppio. ff. de legatis* 1°.

Neminem ejusdem rei legaue sibi partem velle partem nolle verius est. L. *neminem* 4. *ff. de legatis* 2°.

II.

Si le légataire meurt après le testateur sans avoir demandé la délivrance du legs, un des héritiers de ce légataire pourra accepter pour sa portion, & l'autre y renoncer pour la sienne. (*b*)

(*b*) Legatarius pro parte adquirere, pro parte repudiare legatum non potest ; hæredes ejus possunt ut alter eorum partem suam adquirat, alter repudiet. L. *legatarius* 38. *in ppio. ff. de legatis* 1°.

III.

Le testament étant une déclaration de la volonté du testateur, les dispositions qu'il contient doivent dépendre purement de la volonté du testateur : les legs que le testateur fait dépendre de la volonté de son héritier ou d'un autre sont nuls ; cependant le legs seroit valable si le legs étoit fait à condition que l'héritier ou un autre le trouveroit juste, parce qu'il semble dans ce cas que le testateur n'a pas fait dépendre l'exécution du legs de la pure volonté du caprice de l'héritier ou des autres personnes qu'il a désignées, mais seulement de la justice du legs en lui-même, ensorte que si le legs se trouvoit juste, il seroit dû, quand même l'héritier ou l'autre personne désignée par le testament ne le penseroit pas. [c]

(c) Si sic legatum vel fideicommissum relictum sit, si æstimaverit hæres, si comprobaverit, si justum putaverit, & legatum & fideicommissum debebitur, quoniam quasi viro potius bono ei commissum est, non in meram voluntatem hæredis collatum. L. *si sic* 75. *in ppio. ff. de legatis* 1°.

IV.

Quelque faveur que puissent avoir les dispositions testamentaires, on ne peut demander que l'exécution de celles qui se trouvent conformes aux bonnes mœurs ; s'il y en avoit quelqu'unes qui fussent contraires aux bonnes mœurs, ou contre la disposition précise de quelques Loix, elles devroient être rejettées. (*d*)

(d) Si quis scripserit testamento fieri quod contra jus sit, vel bonos mores, non valet, veluti si quis scripserit contra legem aliquid, vel contra edictum Prætoris, vel etiam turpe aliquid. L. *si quis inquilinus* 112. §. *si quis* 3. *ff. de legatis* 1°.

Divi Severus & Antoninus rescripserunt jusjurandum contra vim legum & auctoritatem juris in testamento scriptum nullius est momenti. *L. si quis repudians 112. §. item 4. ff. de legatis 1.*

V.

Si un testateur dispose au profit de quelqu'un, & prie son légataire de se charger de la tutelle de ses enfans, ou même d'un autre, le légataire ne peut pas demander la délivrance du legs, s'il refuse d'accepter la tutelle, s'il paroît par les termes du testament que le legs n'a été fait qu'en considération de la charge de la tutelle; mais si un légataire refuse d'accepter la tutelle des enfans du testateur, on ne pourra pas sous ce pretexte le priver du legs, si le testateur ne l'a pas chargé de cette tutelle. [e]

(e) Nesennius Apollinaris Julio Paulo. Mater filium suum pupillum, vel quivis alius extraneus extraneum æque pupillum scripsit hæredem, & Titio legatum dedit, eumque eidem pupillo tutorem adscripsit, si ipse confirmatus excusavit se à tutelâ. Quæro an legatum amittat, & quid si testamento quidem tutor non sit scriptus, legatum tamen acceperit, daturque à Prætore tutor excuset se, an æque repellendus sit à legato, & an aliquid intersit si à patre, vel emancipato pupillo tutor datus sit, vel puberi curator; respondi, qui non jure datus sit tutor vel curator à patre confirmatus à Prætore excusationis beneficio, ut maluit repellendus est à legato, idque & Scævolæ nostro placuit, nam & Prætor qui eum confirmat tutorem, defuncti sequitur judicium; idem in matris testamento dicendum est. Similis est matri quivis extraneus qui pupillum hæredem instituit, eique & in tutore dando prospicere voluit quales sunt alumni nostri. Rectè ergo placuit eum qui onus tutelæ recusavit repellendum à legato; sed ita demum si legatum ei ideo adscriptum appareat, quod eidem tutelam filiorum injunxit, non quod alioquin daturus esset etiam sine tutelâ. Id apparere potuerit, si potueris testamento legatum adscriptum, codicillis verò postea factis tutorem datum; in hoc enim legato potest dici, non ideo ei relictum, quia se tutorem esse voluerit testator. *L.*

Nesennius 32. ff. de excusationibus.

Sed hæc nimium scrupulosa sunt, nec admittenda, nisi evidenter pater expresserit velle se dare, etiamsi tutelam non administravit, semper enim legatio aut antecedit, aut sequitur tutelam. *L. sed hæc 33. ff. de excusationibus.*

Ex eo apparet non esse his similem eum quem Prætor tutorem dedit, cùm possit uti immunitate, hic enim nihil contra judicium fecit testatoris. Nam quem ille non dedit tutorem, eum voluisse tutelam administrare illi dicere non possumus. *L. ex eo 34. ff. de excusationibus.*

Quid autem si se non excusaverit, sed administrare noluerit, cùm ceteri idonei essent, hic poterit conveniri si ab illis res servari non potuisset, sed hoc non quærendum est, sed contumacia punienda est ejus qui quodammodo se excusavit, multo magis quis dicere debebit indignum judicio patris qui ut suspectus remotus est à tutelâ. *L. quid autem 35. ff. de excusationibus.*

VI.

Quand un testateur fait un legs à quelqu'un, à la charge qu'il se mariera suivant l'avis d'un tiers indiqué par le testament; si celui que le légataire devoit consulter pour se marier est mort avant le testateur, ou même depuis, mais avant que le légataire soit marié, le legs sera dû au légataire, parce qu'on ne peut pas dire dans ce cas qu'il ait agi contre la volonté du testateur. Dans le premier cas le légataire n'a pas pû consulter celui que le testateur lui indiquoit, puisque ce tiers étoit mort avant que le testament, & par conséquent que l'intention du testateur fussent connus du légataire; dans le second cas le légataire a bien pû avoir connoissance du testament & de l'intention du testateur; mais il n'a pas agi contre l'intention du testateur, qui n'exigeoit du légataire de consulter la personne qui lui étoit indiquée que dans le cas où le légataire voudroit se marier. Il en seroit de même si le légataire étoit marié avant la mort du testateur. (f)

(f) Si Titia legatum relictum est si arbitratu Seii nupsisset, & vivo testatore
Seius decessisset, & ea nupsisset, legatum ei
debetur. *L. turpia* 54. §. *si Titiæ* 1. *ff.
de legatis* 1°.

VII.

Quand le legs est fait à quelqu'un
pour se marier, si le legataire est
marié lors du décès du testateur,
pourra-t-il demander la delivrance
de son legs? Il n'y a pas de doute que
le legs est dû. Il faut distinguer, ou
le testateur avoit connoissance de
ce mariage, ou il n'en avoit pas
connoissance; si le testateur avoit
connoissance de ce mariage, cette
clause, *pour se marier*, doit être regardée comme une clause surabondante,
quæ pro non scripta habetur; si le testateur n'avoit pas connoissance du mariage, on peut dire qu'il n'a fait
ce legs que pour que le legataire pût
soutenir plus commodément les
charges que le mariage entraine
nécessairement avec lui. (g)

(g) Si pater filiæ suæ testamento aureos
tot hæredem dare jusserit, ubi ea nupsisset, & filia nupta sit, cum testamentum
sit, sed absente patre, & ignorante, nihilominus legatum debetur. *L. si ita* 45.
§. *si pater* 2. *ff. de legatis* 2°.

VIII.

Les legs faits à la charge de ne
pas épouser une personne désignée
par le testament sont valables. (h)

(h) Cum ita legatum sit si Titio non
nupserit, vel ita si neque Titio, neque
Seio, neque Mævio nupserit, & denique
si plures personæ comprehensæ fuerint,
magis placuit, cuilibet eorum si nupserit,
amissurum legatum, nec videri tali conditione viduitatem injunctam cum alii
cuilibet satis commodè possit nubere. *L.
cum ita* 63. §. *in ipsis, ff. de cond. & dem.*

Si le legs étoit fait à la charge
d'épouser une personne désignée par
le testament, le legataire pourroit-
il demander la délivrance du legs
sans satisfaire à la condition prescrite par le testament? On distingue
dans ce cas si le mariage projetté
par le testament est convenable au
legataire, soit pour la fortune, soit
pour les mœurs, le caractere ou la
naissance, ou si le mariage n'est pas
sortable. Si celui qui est désigné par
le testateur est d'une fortune &
d'une naissance proportionnée à
la fortune, à la naissance du legataire; s'il n'y a rien qui puisse
empêcher ce mariage, sinon le défaut de consentement du legataire,
il n'est pas juste que le legataire
profite du legs sans satisfaire à la
condition qui lui est prescrite; ainsi
s'il ne veut pas contracter le mariage, il ne doit pas profiter du legs;
mais si le legataire a de justes raisons pour ne pas contracter ce mariage avec la personne indiquée par
le testateur, il pourra demander
la délivrance du legs nonobstant
son refus de contracter le mariage. (i)

(i) Videamus & si ita legatum sit si
Titio nupserit, & quidem si honestè Titio
possit nubere dubium non erit, quin nisi
paruerit conditioni excludatur à legato;
si verò indignus sit nuptiis ejus iste Titius, dicendum est posse eam beneficio legis cuilibet nubere. Quæ enim Titio nubere, jubetur cæteris omnibus nubere prohibetur; itaque si Titius indignus sit, tale
est quale si generaliter scriptum esset,
si non nupserit; imo si verum amamus, du-
rior hæc conditio est quam illa *si non nupserit*, nam & cæteris omnibus nubere prohibetur, & Titio cui inhonestè nuptura sit
cum nubere jubetur *L. cum ita* 63. §.
videamus 1. *ff. de cond. & dem.*

X.

Quand un legs est fait à la charge

ge par le legataire de faire quelque chose, & que le legataire a fait tout ce qui étoit en lui pour satisfaire à la condition, il doit avoir le legs (k), à moins qu'il ne paroisse par les termes du testament que le testateur n'a pas voulu qu'il profitât du legs, que la condition imposée n'eût été réellement accomplie, & que faute de l'évenement de la condition le legs n'eût pas lieu.

(k) Si Titio legata pecunia fuerit, & ejus fideicommissum ut alienum servum manu mitteret, nec Dominus vendere eum velit, nihilominus legatum capiet, quia per eum non stat quominus fideicommissum præstet ; nam etsi mortuus fuisset servus, à legato non summoveretur. *L. si fundum 92. §. si Titio 1°. ff. de legatis 2°.*

X I.

Les conditions honteuses apposées aux legs doivent être regardées comme non écrites. (l)

(l) Non dubitamus quin turpes conditiones remittendæ sint. *L. non dubitamus 20. ff. de cond. & dem.*

XII.

Il suffit pour recueillir un legs, qu'il soit certain que celui qui en demande la délivrance, soit le même que le testateur a eu en vûe, quand le testateur auroit donné au legataire un autre nom que son véritable, ou l'auroit désigné sous une qualité qu'il n'avoit pas. (m)

(m) Falsa demonstratio neque legatario neque fideicommissario nocet, neque hæredi instituto, veluti si fratrem dixerit vel sororem vel nepotem, vel quod libet aliud, & hoc ita juris civilis ratione & constitutionibus divorum Severi & Antonini cautum est ; sed si controversia sit de nomine inter plures qui probaverit sensisse se defunctum, ille admittetur. *L. falsa 33. in pric. & 9. sed si 1°. ff. de cond. & dem.*

X I I I.

Il en est de même par rapport aux effets legués ; l'erreur dans le nom de la chose leguée ne peut pas nuire au legataire, lorsqu'on connoit l'effet que le testateur a eu en vûe. [a]

(a) Error autem nominum in scriptura factus, si modo de mancipiis vel possessionibus legatis non ambigitur, jus legati dati non minuit. *L. si fortissimarum 7. §. error 1. cod. de legatis.*

X I V.

Souvent un debiteur legue à son créancier, ce qui donne lieu de douter si le legs doit être regardé comme fait en compensation de la créance ; il ne paroît pas naturel de dire que la créance doive se compenser avec le legs à moins que le testateur n'ait expliqué clairement son intention ; mais si le testateur n'a pas marqué son intention, il faut présumer qu'il a voulu que le créancier fût payé de sa créance & de son legs. (o)

(o) Creditorem cui res pignoris jure obligata à debitore legata esset, non prohiberi pecuniam debitam offerre, si voluntas testatoris compensare volentis evidenter non ostenderetur. *L. creditorem 85. ff. de legatis 2°.*

X V.

Si le testateur legue à quelqu'un la totalité d'un fonds & à d'autres des portions de ce même fonds, comme le tiers, le quart ou autre semblable portion, le legataire de la totalité ne doit pas avoir la totalité, mais il se fait une espece de contribution entre les legataires ; ainsi si le testateur a legué la totalité à Titius, & qu'il ait legué moitié à Mœvius & moitié à Seius, Titius aura moitié, & Mœvius & Seius partageront entr'eux l'autre moitié. Si le legataire d'une des

portions décede , il se fait accroisse-
ment au profit des autres legataires
à proportion de ce qui est legué à
chacun d'eux ; ainsi si Mævius
meurt , Seius aura un tiers dans la
totalité, & Titius les deux autres
tiers. (p)

(p) Mævio fundi partem dimidiam ,
Seio partem dimidiam lego , eumdem
fundum Titio lego ; si Seius decesserit
pars ejus utrique accrescit, quia cum separatim , & partes fundi , & totus legatus sit , necesse est ut ea pars quæ cessat,
proportione legati cuique eorum , quibus
fundus separatim legatus est, adcrescat. L.
Mævio 43. in ppio. ff. de legatis 2°.

XVI.

Quand un testateur a legué un
effet qu'il possedoit lors de son
testament, & qui ne se trouve plus
lors de son décès au nombre des
effets de sa succession, le legataire
ne peut pas demander la délivrance
de son legs ; on présume dans ce
cas que le testateur a revoqué sa
disposition ; cependant si le legataire pouvoit prouver que si l'effet
legué ne se trouve pas en nature ,
c'est par la fraude de l'héritier qui
avoit connoissance du legs , le legataire seroit en droit de demander
la délivrance de son legs. (q)

(q) Species nominatim legatæ si non
reperiantur , nec dolo hæredis decesse
probemur , peti ex eodem testamento
non possunt. L. omnia 32. §. species 5. ff.
de legatis 2°.

XVII.

Le legs d'un livre peut être demandé par le legataire seulement
en l'état où le livre se trouve lors
de la demande, quoique le livre ne
se trouve pas complet. [r]

(r) Si Homeri corpus sit legatum , &
non sit plenum , quantæcumque partes
hodie inveniuntur, debentur. L. librorum
52. §. si Homeri 2. ff. de legatis 3°.

XVIII.

Quand un testateur legue à quelqu'un une certaine somme au-delà
de ce que le legataire lui doit , il
n'y a pas de doute que si par l'é-
venement le legataire ne doit rien,
cette circonstance ne doit pas empêcher le payement du legs. [f]

(f) Si ei cui nihil legatum est cum hâc
adjectione hoc amplius , aliquod legetur,
minime dubitandum est quin id quod ita
legaverit , debeatur , multoque minus
dubitandum si ab eo qui nihil mihi debet,
ita stipulatus fuero , amplius quam mihi
debes , decem dare spondes, quin decem
debeantur. L. si servus 108. §. si ei 8. ff.
de legatis 1°.

XIX.

Il arrive souvent qu'un testateur
consultant plus sa generosité que
l'état de sa fortune , fait des legs qui
excedent ses biens ; dans ce cas il
se fait aussi une contribution entre
les legataires qui partagent les biens
de la succession au prorata des legs
qui leur sont faits. [t]

(t) Is qui sola triginta reliquerat , Titio triginta legavit , Seio viginti , Mævio decem , Massurius Sabinus probat,
Titium quindecim , Seium decem , Mæ-
vium quinque consecuturos. L. si quis 50.
ff. de legatis 1°.

Cette regle n'a lieu que dans le
cas où les legs ne sont que de certaines sommes. S'il y a des legataires d'effets particuliers , & d'autres
de sommes d'argent , les legataires
d'effets particuliers prendront les
effets qui leur seront legués, & les
legataires de sommes d'argent partageront entr'eux le reste des effets.

XX.

Quand un testateur legue par son
testament un fonds, & qu'il en ex-
cepte une portion , comme les prez,
les vignes , s'il ne se trouve au-

cuns prez ni vignes, la totalité du fonds sera dûe au légataire, quoique l'exception faite par le testateur semble annoncer qu'il n'ait pas voulu léguer la totalité du fonds. (u)

(u) Si quis legaverit fundum Cornelianum, exceptis vineis quae mortis ejus tempore erunt, si nullae vineae erunt, legato nihil decedit. *L. si quis 7 a. ff. de legatis 1°.*

XXI.

Si un testateur legue plusieurs fois le même effet à la même personne, cette repetition ne doit être regardée que comme une déclaration plus marquée de la volonté du testateur, & ne donne pas plus de droit au legataire que si l'effet ne lui avoit été legué qu'une seule fois; il ne peut pas sous ce prétexte demander, & l'effet, & la valeur, il doit se contenter de l'effet en nature. [x]

(x) Si eadem res saepius legetur in eodem testamento, amplius quam semel peti non potest, sufficitque vel rem consequi vel aestimationem. *L. plane 34. §. si eadem 1. ff. de legatis 1°.*

XXII.

Il n'en est pas de même lorsque le même effet est legué à la même personne par deux testamens de differentes personnes; le legataire dans ce second cas doit avoir l'effet & la valeur de l'effet parce que chacun des testateurs l'a voulu gratifier de la valeur de l'effet : il faut donc pour que la volonté des deux testateurs soit pleinement exécutée, qu'il ait & l'effet & la valeur de l'effet, autrement il se trouveroit que le legataire ne profiteroit que de la liberalité d'un des deux testateurs, puisqu'il n'auroit pas plus qu'il auroit eu si un seul testateur lui avoit legué cet effet; il est donc juste dans ce cas que le legataire ait l'effet & la valeur de l'effet. [x]

(y) Sed si duorum testamentis eadem res legata sit, bis petere potero, ut ex altero testamento rem consequar, ex altero aestimationem. *L. plane 34. §. sed si 2. ff. de legatis 18.*

XXIII.

Quand on dit que le legs d'un effet repeté plusieurs fois dans un même testament n'ajoute rien au droit du legataire, & ne lui donne pas plus de droit que si l'effet avoit été legué une seule fois, cela ne doit s'entendre que du legs d'un corps certain ; car il peut arriver que le legs d'une certaine quantité etant repeté plusieurs fois, le legataire soit en droit de demander la quantité marquée par le testament, autant de fois que le legs se trouvera repeté ; mais il faut pour que le legataire ait ce droit, que l'intention du testateur soit bien claire & précise ; dans le doute on presume que le testateur en repetant la première disposition, n'a pas voulu y ajouter. [z]

(z) Sed si non corpus sit legatum, sed quantitas eadem in eodem testamento saepius, Divus Pius rescripsit tunc saepius praestandam summam, si evidentissimis probationibus ostendatur testatorem multiplicare legatum voluisse, idemque & in fideicommisso constituit, ejusque rei ratio evidens est quod eadem res saepius praestari non potest. *L. plane 34. §. sed si non corpus 4. ff. de legatis 1°.*

XXIV.

Un testateur ne legue ordinairement que les effets qui lui appartiennent ; cependant il peut aussi leguer les effets qui appartiennent à un tiers, pourvu néanmoins qu'ils soient dans le commerce. [aa]

(aa) Constat etiam res alienas legari posse, utique si parari possint, etiamsi difficilis earum paratio sit. Si vero talis fundus hujus qui sint angusti, vel eadem Ælianum qui principalibus officiis devinctus, legaverit quis, fortasse est aliud [illegible] legata teſtamento adſcribere. *L. cum ſer- vus* 37. §. *conſtat* 7. *&* §. *Severo* 8. *ff. de legatis* 1°.

XXV.

Lorſqu'un teſtateur a legué l'u- ſufruit d'un fonds, & a chargé le le- gataire de l'uſufruit de payer une penſion alimentaire à un tiers, ſi le legataire de l'uſufruit decede, la penſion alimentaire doit auſſi ceſſer, & le legataire de cette penſion n'en peut demander la continuation contre les héritiers du teſtateur, parce qu'il paroît que le legs de la penſion alimentaire n'eſt qu'une charge de l'uſufruit, & non de la proprieté ; ainſi l'uſufruit ceſſant, la charge doit auſſi ceſſer, & la propriété n'ayant pas été chargée de ce legs, le propriétaire doit jouir librement après la mort de l'uſu- fruitier, à moins que les clauſes du teſtament n'annoncent que le teſtateur a voulu que cette penſion alimentaire fût payée au legataire de cette penſion juſqu'au jour de ſon décès. (*bb*)

(*bb*) Titia hærede Seia ſcriptâ uſum- fructum Mœvio legavit, ejuſque fidei- commiſit in hæc verba : A te, Mœvi, ex re- ditu fundi ſperatiani præſtari volo Arrio Pamphilo, & Arrió Sticho ex die mortis meæ annos ſexcentos quotannis quoad vivent, quæſitum eſt cum Mœvius an- nua alimenta præſtiterit, poſt mortem au- ejus fundus ad hæredem Titio pleno jure redierit, an alimenta ex fideicommiſſo Pamphilo & Sticho debeantur, reſpon- di nihil proponi cur debeant præſtari ab hæredibus Titiæ cum ab uſufructuario ali- menta relicta ſunt. *L. Titia* 19. *in ppie. ff. de annis leg.*

XXVI.

Le legataire ne pourroit pas non plus demander que la penſion ali- mentaire fût continuée après la mort de l'uſufruitier par les héritiers de cet uſufrutier ; la penſion alimentaire étant une charge de l'uſufruit, ne doit avoir lieu que pendant le tems que l'uſufruit a lieu, *ſecus ta- men*, s'il paroiſſoit que l'intention du teſtateur eût été qu'après la mort de l'uſufruitier, les héritiers de cet uſufruitier continuaſſent le paye- ment de la penſion alimentaire. [*cc*]

(*cc*) Idem quæſit an ab hæredibus Mœ- vii legatarii præſtanda ſint, reſpondit ni- hil ab hærede legatarii, niſi teſtatorem manifeſte probetur voluiſſe, etiam fini- to uſufructu præſtari. *L. Titia* 19. *in ppie. ff. de annis legatis.*

XXVII.

Un legs de penſion alimentaire doit être payé au legataire, juſ- qu'au jour de ſa mort naturelle ; la mort civile du legataire ne ſe- roit pas un prétexte valable pour ſe diſpenſer de le payer. (*dd*)

(*dd*) Legatum in annos ſingulos vel menſes ſingulos relictum, vel ſi habitatio legetur, morte quidem legatarii lega- tum intercidit ; capitis diminutione tamen interveniente perſeverat, videlicet quia tale legatum in facto potius quàm in jure conſiſtit. *L. legatum* 10. *ff. de capitis di- minutione.*

XXVIII.

Lorſqu'un teſtateur legue un de pluſieurs effets, ſans marquer pré- ciſémént celui qu'il legue, l'option doit appartenir au legataire, & non à l'héritier. (*ee*)

(*ee*) Qui duos ſervos haberet, unum ex his legaſſet, ut non intelligeretur quem legaſſet, legatarii eſt electio. *L. qui duos* 20. *ff. de legatis* 1°.
Cum homo Titio legatus eſſet quæſitum eſt utrum arbitrium hæredis eſt, quem velit dandi, an potius legatarii ; reſpon- di verius dici electionem ejus eſſe cui po- teſtas ſit quâ actione uti velit, id eſt lega- tarii. *L. ſi ſervus* 108. §. *cum homo* 2. *ff. de legatis* 1°.

XXIX.

Il n'en ſeroit pas de même ſi le teſtament étoit conçu de façon qu'on ne pût pas ſçavoir ſi l'intention du teſtateur

testateur étoit de leguer une partie d'un fonds, ou la valeur de cette portion. Il semble que dans cette hypotese il faudroit donner l'option à l'héritier, si le fonds ne pouvoit pas se diviser facilement, mais si le fonds pouvoit se partager commodement, le legataire devroit avoir l'option. (ff)

(ff) Cum bonorum parte legata dubium sit utrum rerum partes an æstimatio debeatur, Sabinus quidem & Cassius æstimationem, Proculus & Nerva rerum partes esse legatas existimaverunt. Sed oportet hæredi succurri ut ipse eligat, sive rerum partes, sive æstimationem dare maluerit. In his tamen rebus partem dare hæres conceditur, quæ sine damno dividi possunt. Sin autem vel naturaliter individuæ sunt, vel sine damno divisio earum fieri non potest, æstimatio ab hærede omnino præstanda est. L. non amplius 26. §. cum bonorum 2°. ff. de legatis 1°.

XXX.

Si le testateur a laissé à un legataire l'option entre deux effets, & a disposé d'un des deux effets, soit par donation entre-vifs, soit par un codicile postérieur, le legataire est en droit de demander l'effet dont le testateur n'a pas disposé. (gg)

(gg) Si Titio Stichus aut Pamphilus utrum eorum mallet legatus est, deinde Pamphilum testator Titio donavit, Stichus in obligatione remanet. L. hujusmodi 84. §. si Titio 11. ff. de legatis 1°.

XXXI.

Le legataire d'un fonds ne peut pas demander que l'héritage legué lui soit donné franc de toute servitude; le fonds doit passer entre les mains du legataire chargé des mêmes servitudes dont il étoit chargé quand il étoit possedé par le testateur, à moins que le testateur n'ait marqué que son intention étoit que l'héritage fût livré au legataire exempt de tout droit de servitude, auquel cas l'héritier seroit tenu de livrer l'hérita-

ge libre de tout droit de servitude, & au cas qu'il ne pût le faire, il devroit indemniser le legataire du dommage que le droit de servitude pourroit lui causer. (hh)

(hh) Si fundus qui legatus est, servitutem debeat impositam, qualis est dari debet, quod si ita legatus sit, uti optimus maximusque, liber præstandus est. L. servo legato 69. §. si fundus 3. ff. de legatis 1°.

XXXII.

Il est assez indifferent que l'héritage legué soit chargé d'un droit de servitude envers l'héritier ou envers un autre; la circonstance que la servitude est dûe à l'héritier, ne donne aucun droit au legataire; l'héritier conserve toujours le droit de servitude nonobstant la délivrance du legs. (ii)

(ii) Etsi fundus qui meo fundo serviebat, tibi legatus fuerit, non aliter à me tibi præstari debeat quam ut pristinam servitutem recipiam. L. si servus 70. §. nam si 1. ff. de legatis 1°.

XXXIII.

Si au contraire le fonds de l'héritier étoit chargé d'un droit de servitude envers le fonds legué, le legataire seroit en droit de reclamer le droit de servitude, quand même il n'en seroit fait aucune mention dans l'acte contenant la delivrance du legs. (kk)

(kk) Ædes quibus hæredis ædes serviebant legatæ, sunt traditæ legatario, non impositi servitute, dixi posse, legatarium ex testamento agere. L. hujusmodi 84. §. ædes 4. ff. de legatis 1°.

XXXIV.

Comme l'usufruit d'une maison ne subsiste plus lorsque la maison est totalement détruite, le legataire de l'usufruit d'une maison ne pourroit pas demander la délivrance de son legs, si du vivant du testateur cette maison été avoit totalement détruite de façon qu'il ne resteroit plus que la place ; le legs de l'usufruit ne doit pas non plus avoir lieu si la maison a été totalement reconstruite. (*ll*)

(*ll*) Non tantùm si ædes ad aream redocta sint usufructus extinguitur, verùm etiam si demolitis ædibus restaror alias novas restituerit. *L. quid tamen* 10. §. *non tantùm* 1°. *ff. quibus modis usufructus.*

XXXV.

Si la maison a été reconstruite en différens tems, le legs de l'usufruit subsistera. (*mm*)

(*mm*) Planè si per partes reficiat, licet omnis nova facta sit, aliud erit. *L. quid tamen* 10. §. *non tantùm* 15. *ff. quib. med. usufructus.*

Il faut cependant observer que si la maison avoit été totalement détruite & ensuite reconstruite en différens tems, le legs n'auroit pas lieu ; cette Loi ne doit s'entendre que du cas où une partie de la maison ayant été détruite & reconstruite à neuf, l'autre partie a été ensuite détruite & aussi reconstruite à neuf.

XXXVI.

Le legs d'un troupeau ne peut avoir lieu, si le troupeau est tellement diminué qu'il ne reste plus qu'une bête. (*nn*)

(*nn*) Cum gregis usufructus legatus est, & usque connumerus pervenit gregis ut grex non intelligitur, perit usufructus. *L. cum gregis ult. ff. quib. modis usufructus.*

XXXVII.

Un meuble mis dans une maison pour perpetuelle demeure, est reputé immeuble comme la maison même ; c'est pourquoi si un testateur avoit legué un meuble, & l'avoit mis ensuite dans une maison pour perpetuelle demeure, le legs seroit censé revoqué (*oo*) ; il n'en seroit pas de même si c'étoit l'héritier qui eût mis ce meuble pour perpetuelle demeure. (*pp*)

(*oo*) Sed si ea quæ legavit, ædibus junxit, extinctum erit legatum. *L. cætera* 41. §. *sed si* 15. *ff. de legatis* 1°.
(*pp*) Sed si heres ea junxit, puto non extingui. *L. cætera* 41. §. *sed si heres* 16. *ff. de legatis* 1°.

CHAPITRE XXVI.

DES SUBSTITUTIONS ET FIDEI-COMMIS.

SECTION PREMIERE.

Regles particulieres sur quelques cas de substitutions vulgaires.

SOMMAIRES.

1. *Définition de la substitution.*
2. *La substitution vulgaire devient inutile, si l'héritier institué accepte.*
3. *Quid, si l'héritier qui a accepté, se fait restituer contre son acceptation ?*

I.

Par *substitution* on entend la subrogation d'une personne à une autre, pour recueillir le profit d'une disposition testamentaire; ainsi un testateur institue Titius son héritier, il veut qu'après la mort de Titius les biens passent à Sempronius; il substitue Sempronius, après le décès de Titius, Sempronius recueillera le profit de la disposition qui avoit été faite à Titius. (a)

(a) Hæredes aut instituti dicuntur aut substituti, instituti primo gradu, substituti secundo vel tertio. *L. hæredes 14. in ppio. ff. de vulgari & pup. subst.*

II.

Dans le cas de substitution vulgaire, l'appellé à la substitution n'a plus aucun droit si l'héritier institué accepte, n'étant appellé que dans le cas que l'héritier institué ne voudroit ou ne pourroit accepter la succession. (b)

(b) Post aditam hæreditatem directæ substitutionis non impuberibus filii factæ expirare solent. *L. post aditam 5. ... de impuberum & aliis substitutionibus.*

III.

L'acceptation de l'héritier ne peut exclure l'appellée à la substitution que lorsque cette acceptation subsiste. Si l'héritier après avoir accepté la succession, le faisoit restituer contre son acceptation, sous prétexte de minorité ou autrement, la restitution remettant les parties au même état qu'elles étoient avant l'acceptation, l'appellé à la substitution seroit en droit de prétendre recueillir le profit de la substitution, & l'acceptation de l'héritier ne pourroit lui être opposée, puisqu'elle seroit annullée par la Sentence ou l'Arrêt qui auroit entheriné les lettres de rescision. (c)

(c) Ex contractu paterno actum est cum pupilli tutore authore & condamnatus est, postea tutores abstinuerunt cum bonis paternis, & ita bona detinentur ad substitutum, vel cohæredem pervenerunt, quæritur an si ex causa judicati teneantur? Respondit dandam in eos actionem judicati, nisi culpâ tutoris pupilli condemnata est. *L. ex contractu 44. ff. de re judicati.*

Cette Loi ne décide pas précisément que si l'héritier institué accepte en minorité, & se fait restituer contre son acceptation, l'appellé à la substitution pourra recueillir le profit de la substitution, comme si l'héritier institué n'avoit pas accepté, mais elle suppose le principe comme constant.

SECTION II.

De la nature & l'usage de la substitution pupillaire.

SOMMAIRES.

1. *Pour faire une substitution pupillaire, il faut que le testament contienne une disposition des biens du testateur.*
2. *Différence entre la substitution pupillaire & la substitution exemplaire.*
3. *La substitution pupillaire peut être faite pour finir avant l'âge de puberté.*
4. *On peut stipuler pupillairement aux petits-enfans & autres descendans.*
5. *Un ayeul peut-il substituer pupillairement à ses petits enfans qui retombent sous la puissance du père.*

I.

La substitution pupillaire ne peut être faite que par un testament qui contienne des disposi-

tions, tant des biens du pere substi-
tuant que du fils grevé de substitution. Un testament contenant une
substitution pupillaire est, pour ainsi
dire, un double testament, le testament du pere & celui de l'enfant ;
un pere ne pourroit pas substituer
pupillairement, s'il ne commençoit
par disposer de ses biens person-
nels. [a]

(a) Substituere liberis pater non potest,
nisi hæredem sibi instituerit. *L. hæredes*
11. §. *substituere* 3. ff. *de vulg. & pup.
subst.*

Quisquis autem impuberi testamentum
facit, non quoque debet facere, cæterum
soli filio non poterit. *L. moribus* 2. §.
quisquis 1°. ff. *de vulg. & pup. subst.*

II.

La substitution exemplaire a été
introduite à l'imitation de la pupillaire, *ad exemplum pupillaris* ;
c'est même de là dont elle tire sa
denomination. Il y a plusieurs dif-
ferences entre ces deux especes de
substitutions ; premierement, la
substitution pupillaire ne peut avoir
lieu que dans le cas où les enfans
font impuberes ; la substitution
exemplaire a lieu même après la puberté. Une seconde difference consiste en ce que la substitution pupillaire ne peut être faite que par ceux
qui ont la puissance paternelle, au
lieu que tous les ascendans de l'un
& de l'autre sexe peuvent substituer
exemplairement, soit qu'ils ayent
leurs enfans sous leur puissance ou
non. Une troisiéme difference entre ces deux substitutions, est que
dans le cas de la substitution pupillaire, le testateur peut appeller qui
il veut à la substitution, sans examiner si cet appellé est de la famille
ou non, au lieu que dans le cas
de la substitution exemplaire le
testateur ne peut appeller des étran-
gers, lorsque celui auquel on substitue exemplairement, a des enfans,

la substitution ne peut être faite
qu'à leur profit, & s'il n'a pas d'enfans, mais des freres & sœurs, la
substitution doit être faite au profit
des freres & sœurs. [b]

(b) Humanitatis intuitu parentibus in-
dulgemus, ut si filium, nepotem vel prone-
potem cujuscumque sexûs habeant, nec
alia proles descendentium eis sit, illis tamen filius vel filia, nepos vel neptis, pro-
nepos vel proneptis, mente captus vel
mente capta perpetuò sit ; vel si duo vel
plures isti fuerint, nullus verò eorum sa-
piat, liceat iisdem parentibus legitimâ
portione ei vel eis relictâ quos voluerint
his substituere, ut occasione hujusmodi
substitutionis ad exemplum pupillaris querela nulla contra testamentum eorum oria-
tur ; ita tamen ut si postea resipuerit,
vel resipuerint, talis substitutio cesset,
vel si filia, aut alii descendentes ex hujusmodi mente captâ personâ sapientes
sint, non liceat parenti qui vel quæ restatur
alios quam ex eo descendentes, unum vel
certos vel omnes substituere; sin verò etiam
liberi testatoris vel testatricis sint sapientes,
ex his verò personis quæ mente capta sunt,
nullus decedat ad fratres eorum unum
vel certos, vel omnes eamdem fieri sub-
stitutionem oportet. *L. humanitatis* 9.
*cod. de impuberum & aliis substitutioni-
bus.*

III.

On ne peut substituer pupillairement qu'à ceux qui sont en âge de
puberté, & même la substitution
pupillaire ne peut avoir lieu qu'au
cas que celui qui est grevé de substitution meurt avant l'âge de puberté [c]. Et même un testateur peut
ordonner par son testament, que la
substitution pupillaire n'aura lieu
que jusqu'à un certain âge inferieur
à l'âge de puberté. [d]

(c) Moribus introductum est ut quis
liberis impuberibus testamentum facere
possit, donec masculi ad quatuordecim
annos perveniant, fœminæ ad duodecim.
L. moribus 2. *in ppio*. ff. *de vulgari & pupillari substitutione.*

(d) Si ita quis substituerit, si filius meus
intra decimum annum decesserit, Seius hæres esto, deinde hâc ante quartum decimum

post

post decimum decesserit, magis est ut non possit bonorum possessionem substitutus petere, non enim videtur in hunc casum substitutus. *L. si ita 21. ff. de vulgari & pupillari substitutione.*

IV.

Un testateur peut substituer pupillairement non seulement à ses enfans, mais aussi à ses petits-enfans. (e)

(e) *Nepotibus etiam possumus & deinceps. L. moribus 2. in ppio. ff. de vulgari & pupillari substitutione.*

V.

Si le petit-fils ou autre descendant qui étoit sous la puissance du testateur, retomboit après le décés du testateur, sous la puissance d'un autre, le testateur ne pourroit pas substituer pupillairement. [f]

(f) *Nepotibus etiam possumus & deinceps si non sint recasuri in patris potestate. L. moribus 2. in ppio. ff. de vulgari & pupillari substitutione.*

SECTION III.

Regles particulieres sur quelques cas de substitution pupillaire.

SOMMAIRE.

1. *Le testateur qui a droit de substituer pupillairement, peut-il grever l'institué d'une substitution fidei-commissaire?*

I.

IL n'y a pas de doute qu'un pere ou un ayeul qui ont droit de substituer pupillairement à leurs enfans ou petits-enfans étant sous leur puissance, peuvent aussi les grever d'une substitution fidei-commissaire. (a)

(a) *Sicuti conceditur unicuique ab eo*

ad quem legitima ejus hæreditas vel bonorum possessio perventura est, fideicommissam dare, ita & ab eo ad quem impuberis sibi legitima hæreditas vel bonorum possessio perventura est, fideicommissa recte dabuntur. *L. si fundum 92. §. si uti 2. ff. de legatis 1°.*

SECTION IV.

Des substitutions ou fidei-commis, de l'hérédité ou d'une partie.

SOMMAIRES.

1. *Division des fidei-commis.*
2. *Définition du fidei-commis universel & du fidei-commis particulier.*

I.

ON distingue deux especes de fidei-commis, l'universel & le particulier.

II.

On appelle fidei-commis universel, celui qui est eu de la totalité de la succession, ou d'une certaine quotité, comme d'un tiers, d'un quart, d'un sixiéme, & le fidei-commis particulier est celui qui n'est que d'un effet particulier, comme une maison, un pré ou autre effet. (a)

(a) *Nihil autem interest utrum aliquis ex asse hæres institutus, aut totam eam partem, aut partem partis restituere rogatus, nam & hoc casu eadem observari præcipimus quæ in totius hæreditatis restitutione diximus. §. nihil autem 9. inst. de fideicommiss. hæred. & ad Senatusconsul. Trebellianum.*

SECTION V.

Des substitutions ou fidei-commis particuliers de certaines choses.

SOMMAIRE.

1. *Le fidei-commis d'une succession échue, est un fidei-commis particulier.*

I.

LE fidei-commis n'est censé universel que lorsqu'il comprend ou la totalité ou une certaine quotité des biens de la succession du testateur. Si au lieu de disposer de la totalité ou d'une certaine quotité des biens de sa succession, le testateur avoit disposé de la totalité ou d'une certaine quotité des biens d'une succession qui lui seroit échue, le fidei-commis seroit particulier.(a)

(a) Trebellianum Senatusconsultum locum habet quotiens quis suam hæreditatem vel totam vel pro parte fidei hæredis committit. Quare si Mœvius te hæredem instituerit, & rogaverit ut hæreditatem Titii restituas, tuque hæreditatem Mœvii adieris, perinde à te fideicommissum petetur, ac si fundum qui tibi à Titio legatus esset restituere rogatus fuisses. *L. ita tamen* 27. §. *Trebellianum* 8. *& §. quare* 9. *ff. ad Senatusconsultum Trebellianum.*

SECTION VI.

De quelques regles communes aux fidei-commis de l'heredité, & à ceux de certaines choses.

SOMMAIRES.

1. *Les substitutions fidei-commissaires ne peuvent avoir lieu sans institution.*
2. *Pour grever quelqu'un de substitution, il faut lui leguer au-delà de* la portion qui lui appartient aux termes de la Loi.
3. *An substitutus capiat à gravante vel à gravato.*
4. *Pour recueillir une substitution, il faut être né lors de l'ouverture de la substitution.*
5. *La mort civile du grevé donne-t-elle lieu à l'ouverture de la substitution ?*
6. *Un fidei-commis ne peut avoir lieu, si le testament qui le contient n'est revêtu de ses formalités.*
7. *Le survivant de deux legataires étant chargé de rendre à un tiers, les deux legataires sont présumés substitués l'un à l'autre.*
8. *La prohibition d'aliener emporte-t-elle un fidei-commis ?*
9. *Effet de la prohibition quand ceux au profit desquels elle est faite sont morts.*
10. *La prohibition d'aliener emporte-t-elle avec elle la prohibition d'hypotequer & de donner à bail emphiteotique ?*
11. *Effet de la prohibition de vendre à d'autres qu'à quelqu'un de la famille.*
12. *Peut-on renoncer à une substitution ?*
13. *Y peut-on renoncer avant l'ouverture de la substitution ?*
14. *La renonciation doit-elle être expresse ?*
15. *Un partage fait sans réserve, fait-il présumer la renonciation à la substitution ?*
16. *Le fidei-commissaire qui a signé comme témoin un contrat de vente des biens substitués, est-il présumé avoir renoncé à la substitution ?*
17. *Le consentement donné à la vente des biens substitués, est-il une renonciation à la substitution ?*
18. *Est-ce une renonciation au prix ?*
19. *Un mineur peut-il être restitué contre la renonciation à un fidei-commis reciproque ?*

I.

IL ne peut y avoir de substitution sans institution : l'appellé à la substitution n'étant que pour remplacer l'héritier institué, il faut nécessairement que l'institution précede la substitution. (a)

(a) In primis igitur sciendum est opus esse ut aliquis recto jure testamento hæres instituatur, cujusque fidei committatur, ut eam hæreditatem alii restituat § in primis 3. inst. de fideicom. hæred. & ad sen. Trebel.

II.

Un testateur a la liberté de substituer quand les biens qu'il laisse à l'institué ne sont recueillis par cet institué qu'en vertu de la seule disposition du testateur. Si l'institué pouvoit prétendre les biens qui lui sont laissés, nonobstant la disposition que le testateur feroit au profit d'un tiers, le testateur ne pourroit substituer valablement. (b)

(b) Quoniam in prioribus sanctionibus illud statuimus, ut si quid minus legitima portione his derelictum sit, qui ex antiquis legibus de inofficioso testamento actionem movere poterant, hoc repleatur, nec occasione minutæ quantitatis testamentum rescindatur, hoc in præsenti addendum esse censemus, ut si conditionibus quibusdam vel dilationibus, aut aliqua dispositione moram vel modum vel aliud gravamen introducente, eorum jura qui ad memoratam actionem vocabantur, minimum esse videatur, ipsa conditio vel dilatio, vel alia dispositio moram vel quodcumque onus introducens, & ita res procedat quasi nihil eorum testamento additum esset. L. quoniam 32. cod. de inoff. test.

Si patronus ex debita parte hæres instituatur, & libertus fidei ejus commisit, ut quid daret, & hoc stipulanti fideicommissario promiserit, non erit cogendus solvere, ne pars ex legibus verecundiæ patronali debita minuatur. L. si patronus 20. in ppio ff. de donationibus.

III.

Dans le cas de substitution, l'appellé à la substitution recueille le profit de la substitution par la liberalité du testateur; & quoique le grevé soit chargé de lui remettre les biens de la succession, il n'en est pas moins vrai qu'il ne les tient que de la liberalité du testateur, & non de la liberalité de l'institué; ce qui décide cette question si souvent agitée, *an substitutus capiat à gravaturo vel à gravato.* La remise de la part du grevé est forcée; l'appellé à la substitution ne tient donc rien de la liberalité, mais seulement de celle du testateur. (c)

(c) Nepus quæ possessionem aviæ petierat, mortem ejus interfectam sciens non defenderat, fideicommissum quod avia ex alio testamento nepti debuit, in restituendis fisco bonis non esse deducendum placuit. L. propter 21. § nepus 1. ff. de Senatusconsulto Silaniano.

IV.

Pour recueillir une substitution, il faut être né lors de l'ouverture de la substitution: celui qui ne seroit né que postérieurement à l'ouverture d'une substitution, n'en pourroit recueillir le profit. [d]

(d) Utrum ita posthumus partem faciat, si natus sit, an & si natus non sit quæritur; ego commodius dici puto, si quidem natus non est, minime eam partem facere, sed totum ad te pertinere quasi ab initio tibi solido relicto. L. utrum 7. ff. de rebus dubiis.

V.

La mort civile du grevé de substitution, donne ouverture à la substitution.

VI.

Pour la validité d'une substitution, il faut que le testament qui la contient, soit revêtu de toutes les formalités prescrites pour la validité des testamens. [e]

(e) Ex imperfecto testamento legata vel fideicommissa Imperatorem vindicare inverecundum est. *L. ex imperfecto* 23. *ff. de legatis* 3°.

VII.

On peut distinguer deux especes de substitutions, les unes tacites, les autres expresses. Les substitutions expresses sont quand le testateur a marqué en termes exprès qu'il vouloit qu'une personne fût substituée à une autre; les substitutions tacites au contraire sont quand le testateur n'a pas déclaré en termes exprès qu'il vouloit établir un certain ordre de substitution, & cependant on voit par les différentes clauses de son testament, que son intention étoit que la substitution eût lieu; ainsi si un testateur legue ses biens à deux personnes, & qu'il charge le dernier mourant des deux de restituer à un tiers, il ne paroît pas, à prendre les termes du testament à la lettre, qu'il y ait une substitution reciproque établie entre les deux légataires; cependant quand on consulte l'intention du testateur, il est aisé de voir qu'il a voulu faire une substitution reciproque entre les deux légataires, puisqu'il est impossible que le survivant des deux légataires restitue la totalité des biens à un tiers, s'il n'y a pas une substitution reciproque entre les deux légataires; il faut donc nécessairement supposer que le testateur a voulu établir une substitution reciproque entre les deux légataires; c'est-là ce qu'on appelle une substitution tacite. [*f*]

(*f*) Scia libertis tuis fundum legavit, fideique eorum ita commisit, fidei autem vestrae vere & lapidè committo, ne eum fundum vendari, eumque qui ex vobis ultimus decesserit cum morietur restituat Simphoro liberto meo, & successori, & Beryllo & Sapido, quos infra manumisi, quive ex his tunc supervixerit. Quaero cum nec in primâ parte testamenti qui fundum praelegavit eos substituit,

in secundâ tamen adjecerit verbum, qui ultimus decesserit, an pars unius defuncti ad alterum pertineret; Paulus respondit testatricem videri in eo fideicommisso de quo quaeritur, duos gradus substitutionis fecisse, unum ut is qui ex duobus prior morietur, alteri restitueret, alterum ut novissimus his restitueret quos nominarim postea enumeravit. *L. Titia* 87. §. *Scia* 2°. *ff. de legatis & fideicommissis* 2°.

VIII.

La prohibition d'aliener n'emporte pas par elle-même un fideicommis; on distingue si la prohibition est faite en faveur d'un tiers ou non: si la prohibition d'aliener n'est pas faite en faveur d'un tiers, il n'y a pas de substitution, mais si elle est faite en faveur d'un tiers, il y a substitution, & l'appellé à la substitution est celui en faveur duquel est la prohibition d'aliener. (*g*)

(*g*) Divi Severus & Antoninus rescripserunt eos qui in testamento vetant quid alienari, nec causam exprimunt propter quam id fieri velint, nisi inveniatur persona cujus respectu hoc à testatore dispositum est, nullius esse momenti scriptura, quasi nudum praeceptum reliquerint, quia talem legem testamento non possunt dicere. Quod si liberis aut posteris aut libertis aut haeredibus, aut aliis quibusdam personis consulentes, ejusmodi voluntatem significarent, eam servandam esse. *L. filius-familias* 114. §. *Divi* 14. *ff. de legatis & fideicommissis* 1°.

Qui filium & filiam habebat, testamentum fecit, & ita de filiâ caverat, mando tibi non testari donec liberi tibi sint, pronuntiavit Imperator fideicommissum ex hâc scriptura deberi, quasi per hoc quod prohibuisset eam testari petiisset ut fratrem suum heredem faceret. Sic enim accipiendum eam scripturam, ac si haereditatem suam rogasset eam restituere. *L. qui filium* 74. *in ppio. ff. ad Senatusconsultum Trebellianum.*

IX.

Comme la prohibition d'aliener n'emporte de fidei-commis que dans le cas où cette prohibition est faite

en

en faveur d'un tiers défigné dans le teflament, & qu'il n'y a que ce tiers qui puiffe être appellé à la fubfti-tution, fi ce tiers décede avant le grevé, la fubflitution n'a plus lieu. (*h*)

(*h*) Filiam fuam hæredem fcripferat, & ita caverat ; veto autem ædificium de nomine meo exire, fed ad vernos meos quos hic teflamento nominavi, pertinere volo, quæfitum defunctâ hærede, lega-tariis vernis, an ad unum libertum qui re-manfit totum fideicommiffum pertinere, refpondit ad eum qui ex vernis fupereffet, fecundum ea quæ proponerentur virilem partem pertinere. *L. pater 38. §. filiam 2. ff. de legatis & fideicommiffis 3°.*

X.

Quand le teflateur a défendu à l'héritier inftitué de vendre, cet héri-tier ne peut ni hypotequer ni donner à bail emphitéotique les biens qui font l'objet de la fubflitution. (*i*)

(*i*) Sancimus five lex alienationem in-hibuerit, five teflator hoc fecerit, five pactis contrahentium hoc admiferit, non folum dominii alienationem, vel manci-piorum manumiffionem, effe prohiben-dum, fed etiam ufus fructûs dationem, vel hypothecam, vel pignoris nexum penitus prohiberi ; fimilique modo & fervitutes minimè imponi, nec emphiteufens con-contractum, nifi in his tantum modo ca-fibus in quibus conflitutionum autoritas, vel teflatoris voluntas, vel pactionum te-nor, qui alienationem interdixit, aliquid tale fieri permifit. *L. fancimus 7. cod. de rebus alienis non alienandis.*

XI.

La prohibition de vendre à d'au-tres qu'à quelqu'un de la famille du teflateur, n'emporte pas toujours un fidei-commis, cela dépend des circonftances. Souvent un teflateur appofe une pareille condition dans fon teflament, fans cependant vou-loir faire une fubflitution ; une pareille claufe n'empêcheroit pas l'héritier inftitué de difpofer libre-ment s'il avoit offert à tous les pa-rens du teflateur de leur rendre l'ef-fet relativement auquel le tefla-teur avoit fait la prohibition.

XII.

Chacun peut renoncer au droit qui lui appartient ; ainfi on ne peut pas révoquer en doute que l'appel-lé à une fubflitution, a le droit de renoncer à cette fubflitution.

XIII.

Toute la difficulté eft de fçavoir fi on peut renoncer à une fubfti-tution avant l'ouverture de la fub-flitution, ou fi pour la validité de la renonciation, il eft néceffaire qu'il y ait ouverture à la fubflitu-tion. Il faut diftinguer deux efpeces de renonciations : celles qui font faites du vivant du teflateur, font certainement nulles, ces fortes de renonciations font des conventions faites pour la fucceffion d'une per-fonne vivante ; elles font proferi-tes par toutes fortes de Loix. (*k*) A l'égard des renonciations faites après le décès du teflateur, elles font permifes. (*l*)

(*k*) De quæftione tali à cefarienfi ad-vocatione interrogati fumus, duabus vel pluribus perfonis ipfis alienæ hæreditatis fuerat ex cognatione forte ad eos de-volvendæ, pacta quæ inter eos inita funt pro adventurâ hæreditate, quibus fpe-cialiter declarabatur, fi ille mortuus fue-rit, & hæreditas ad eos pervenerit, certos modos in eadem hæreditate obfer-vari, vel fi forte ad quofdam ex his hæ-reditatis commodum pervenerit, certas pactiones evenire, & dubitabatur fi hu-jufmodi pacta fervari oporteret. Fa-ciebat autem eis quæftionem, quia adhuc fuperftite eo de cujus hæreditate fpera-batur, hujufmodi pactio proceffit, & quia non funt ita confecta, quafi omnimo-do hæreditate ad eos perventura, fed fub duabus conditionibus compofita funt, fi ille mortuus fuerit, & fi ad hæredita-tem vocentur hi qui hujufmodi pactionem fecerunt, fed nobis omnes hujufmodi facti-ones odiofæ effe videntur, & plenæ triftif-fimi & periculofi eventus. Quare enim quo-dam vivente & ignorante de rebus ejus quidam pacifcentes conveniunt? Secundùm veteres itaque regulas fancimus omnimodo hujufmodi pacta quæ contra bonos mores inita funt, repelli, & nihil ex his pactionibus obfervari. *L. de quæftione ultimâ, cod. de pactis.*

(*l*) De fideicommiffo à patre inter te & fratrem tuum viciffim dato, fi alter veftrùm fine liberis exceflerit vitâ, interpofita tranfactio rata eft, cum fratrum concordia, remoto captandæ mortis alterius voto improbabili retinetur. *L. de fideicommiffo 11. cod. de tranfactionibus.*

XIV.

La renonciation à la fubftitution eft tellement permife après le décès du teftateur, que les Loix n'exigent pas que cette renonciation foit faite en termes exprès, elles admettent auffi la renonciation tacite. Elles veulent feulement que l'intention de l'appellé à la fubftitution foit connue, & lorfqu'il paroît que cet appellé à la fubftitution a renoncé à fon droit, les Loix confirment la renonciation, foit qu'elle ait été faite en termes exprès, foit qu'elle ait été tacite. (*m*)

(*m*) Procula magnæ quantitatis fideicommiffum à fratre fibi debitum poft mortem ejus reftitutione cum hæredibus compenfare vellet, ex diverfo autem allegaretur nunquam id à fratre quondiu vixit defideratum, cum variis ex caufis fæpe in rationem fratris pecunias ratio Proculæ folviffet, divus Commodus cum fuper eo negotio cognofceret, non admifit compenfationem, quafi tacite fratri fideicommiffum fuiffet remiffum. *L. Procula 26. ff. de probationibus.*

XV.

Un partage fait entre cohéritiers qui font fubftitués réciproquement l'un à l'autre, ne fuppofe pas une renonciation à la fubftitution, à moins qu'il n'y ait quelque claufe particulière dont on puiffe induire cette renonciation.

XVI.

L'appellé à la fubftitution qui figne un contrat contenant la vente des biens fubftitués, n'eft pas par ce feul fait reputé avoir renoncé à la fubftitution, il faut pour fuppofer cette renonciation, qu'il y ait d'autres circonftances qui faffent préfumer que l'intention de l'appellé à la fubftitution a été réellement de renoncer. (*n*)

(*n*) Lucia Titia inteftata moriens, à filiis fuis per fideicommiffum alieno fervo domum reliquit, poft mortem filii ejus fidemque hæredes cum dividerint hæreditatem matris, diviferunt etiam domum, in quâ divifione Dominus fervi fideicommiffarii quafi teftis adfuit; quæro an fideicommiffi perfecutionem adquifitam fibi per fervum, eò quòd interfuit divifioni amififfe videatur. Modeftinus refpondit fideicommiffum ipfo jure amiffum non effe, quod ne repudiari quidem poteft, fed nec per doli exceptionem fummoveri, nifi evidenter apparuerit omittendi fideicommiffi caufâ hoc eum feciffe. *L. Titia 34. §. Lucia 2. ff. de legatis & fideicommiffis.*

XVII.

Lorfque l'appellé à la fubftitution a confenti à la vente d'un effet compris dans la fubftitution, fon confentement eft une renonciation à fon droit, & il feroit non-recevable à agir contre l'acquereur pour l'évincer d'un bien que cet acquereur n'auroit acheté, qu'en conféquence du confentement donné par l'appellé à la fubftitution. (*o*)

(*o*) Quotiens ab omnibus qui alienatione factâ fideicommiffi petitionem afpirare poffunt, venditio celebratur, aut quibufdam vendentibus alii confenferint, contractus authoritas nequaquam convelli poteft. *L. quotiens 11. cod. de fideicommiffis.*

Omnibus quibus fideicommiffum relictum eft, ad diftractionem confentientibus nullam fideicommiffi petitionem fuperfaturam. *L. nihil 120. §. omnibus 1°. ff. de legatis & fideicom. 1°.*

XVIII.

La renonciation à la fubftitution prive l'appellé à la fubftitution de tout droit, non-feulement fur l'effet substitué, mais aussi sur le prix de cet effet; cependant si on ne pouvoit opposer à l'appellé à la substitution qu'un simple consentement à la vente, cette renonciation le priveroit bien de son droit sur l'effet substitué, mais il auroit la liberté d'agir contre les héritiers de l'institué pour la restitution du prix; la renonciation ne paroîtroit dans ce cas qu'en faveur de l'acquereur, & non en faveur de l'héritier institué; d'où on peut conclure que si l'héritier institué étoit rentré dans la possession de l'héritage en vertu d'une clause de faculté remeré, l'appellé à la substitution rentreroit aussi dans ses droits, & on ne pourroit lui opposer son consentement à la vente pour le forcer de se contenter du prix.

XIX.

Si une substitution est réciproque entre deux mineurs ou entre un mineur & un majeur, les deux substitués s'étoient fait remise réciproquement de leur droit, la remise seroit valable, & le mineur ne pourroit pas se faire restituer contre le consentement qu'il auroit donné, qui ne serviroit qu'à lui assurer davantage la pleine propriété de ses biens. (p)

(p) Et non potest eo casu rescindi tanquam circumventus sis, cum tali pacto contentus; neque eam cui subvenir solet ætatem agere te proponas, nec si ageres, iisdem illis de causis in integrum restitutionis auxilium impetrare deberes. *L. quæsitæ, ff. de fideicommissis.*

F I N.

TABLE
DES MATIERES
PAR ORDRE ALPHABETIQUE.

A

A Cheter. Voyez *Aveugle.*

Appel. Voyez *Arbitre.*

Arbitre. Le tiers arbitre doit-il être nommé dans le compromis, *pag.* 53 *col.* 1

Les Sentences arbitrales sont sujettes à l'appel, 53 *c.* 2

La peine contre celui qui appelle d'une Sentence arbitrale n'a pas lieu sans stipulation, ibid.

On peut la stipuler plus forte que la somme qui fait l'objet de la contestation, ibid.

Cette peine a lieu même dans le cas où la Sentence préjudicieroit à celui qui veut y acquiescer, 54 *c.* 1

Quid, si la Sentence n'a pas prononcé sur toutes les demandes, 54 *c.* 1 *&* 2

Si elles contient des dispositions contre les bonnes mœurs, ibid.

Le droit de juger en qualité d'arbitre est personnel, 54 *c.* 2

Pouvoir des arbitres, 55 *c.* 1 *&* 2

Ils ne peuvent ordonnner que la peine stipulée par le compromis n'aura pas lieu, 55 *c.* 2

On ne peut être arbitre dans sa propre cause, ibid.

Un fils peut-il être arbitre, 56 *c.* 1 *&* 2

Arrhes doivent être rendues quand le vendeur & l'acquereur consentent que la vente n'ait pas d'exécution, 10 *c.* 1

Quand le contrat a eu son exécution, les arrhes sont-elle perdues pour l'acquereur ? 10 *c.* 2

Aveu, voyez *Preuve.*

Aveugle peut-il achepter, 11. *c.* 1

Avocat. Voyez *Inofficiosité.*

Autorité. Celle du tuteur est-elle nécessaire pour la validité des actes passés par les mineurs ? 57 *c.* 2

Quid, si le tuteur est aveugle, ibid.

Le tuteur peut-il être obligé d'autoriser son mineur, *pag.* 58 *col.* 1

Quand il y a plusieurs tuteurs, l'autorité d'un seul, est-elle suffisante, ibid.

L'autorité du tuteur est nécessaire dans les obligations conditionelles, ibid.

Un mineur peut-il faire acte d'heritier sans l'autorité de son tuteur, 82 *c.* 1 *&* 2

B

B Ail à ferme ou loyer. Peut-on stipuler que le vendeur tiendra l'héritage vendu à ferme ou à loyer, 8 *c.* 1

Un bail peut être fait sous condition, 16 *c.* 1

Les baux donnent une action reciproque à chacune des parties contractantes, 16 *c.* 1

Celui qui ne jouit pas par force majeure doit-il le prix de son bail, 16 *c.* 1

Clause que le preneur ne sera pas garant de la force majeure, 16 *c.* 2

Effet de la clause que le bailleur ne pourra rien demander au preneur, 16 *c.* 2

Le locataire qui ne jouit pas, a-t-il droit de repeter les sommes qu'il a payées d'avance, 17 *c.* 2

Bâtards. Voyez *Donation.*

Batteau. Voyez *Usufruit.*

C

C Aution. Un débiteur ayant donné une caution, peut-il être obligé d'en donner une nouvelle, 67 *c.* 1 *&* 2 *&* 68 *c.* 1 *&* 2

La caution est-elle déchargée quand l'acquereur s'est fait restituer contre le contrat de vente, 79 *c.* 2

Voyez *Imputation. Restitution.*

Cession, Voyez *Créance.*

Chasse. Le Droit de chasse est-il un fruit, pag. 68 col. 1

Commerçantes. 80 c. 1 & 2

Compensation résout la convention, 4 c. 1

Voyez *Legs.*

Compromis. Voyez *Arbitre.*

Condition. Une vente faite sous condition est nulle quand la condition n'a pas lieu, 8 c. 1

Une condition inférée au commencement d'un acte peut être changée dans le corps du même acte, 9 c. 1

Voyez *Bail. Legs. Tuteur. Vente.*

Confession. Voyez *Donation.*

Confusion, résout la convention, 4 c. 1 & 2

La confusion éteint la dette, 73 c. 1

Consignation. voyez *Intérêts.*

Contrat de mariage. Les conventions contraires aux bonnes mœurs inférées dans les contrats de mariage sont nulles, 16 c. 2

Les conventions d'un contrat de mariage n'ont lieu quand le mariage n'est pas celebré, 26 c. 2

Quid, si le mariage étant rompu une premiere fois est contracté dans la suite, 27 c. 1

Conventions. Peuvent-elles préjudicier à un tiers, 1 c. 1

Les conventions frauduleuses sont nulles, 3 c. 1

Voyez *Compensation. Confusion. Contrat de mariage. Crime. Loi. Novation. Payement.*

Crainte. Voyez *Restitution.*

Créance. Le cessionnaire d'une créance peut agir contre tous les obligés, 5 c. 2

Voyez *Tuteur.*

Crime. Des conventions pour empêcher un crime, 3 c. 1

Voyez *Donation.*

D

D Emande. Celui qui s'est désisté d'une demande ne peut la former une seconde fois, 2 c. 2

Dépense. Quelles dépenses le Tuteur peut-il faire, 57 c. 1 & 2

Voyez *Education.*

Dépôt. Le dépôt doit être gratuit, 18 c. 1

Le dépositaire ne doit employer à son usage l'effet deposé, 18 c. 1

Celui qui a fait le dépôt a-t-il une action contre celui auquel le prêt du dépôt a été fait, pag. 18 col. 2

Définition du dépôt nécessaire, 19 c. 1

Dette. Le donataire est-il obligé de payer les dettes du donateur, 36 c. 2

Voyez *Garantie.*

Dommages & intérêts. Un acquereur évincé peut-il en demander, s'il a eu connoissance lors de la vente que son vendeur n'étoit pas propriétaire? 13 c. 2

Voyez *Eviction.*

Donation. Deux especes de donation, 31 c. 2

Définition de la donation à cause de mort, ibid.

Définition de la donation entre-vifs, ibid.

Un malade peut-il donner entre-vifs? ibid.

Une femme grosse peut-elle donner entre-vifs? 32. c. 1

Un sourd peut-il donner? 32 c. 2

Un muet peut-il donner? ibid.

Les interdits pour prodigalité ou démence, peuvent-ils donner? ibid.

Un vieillard peut-il donner? 33 c. 1

Un mineur peut-il donner, ibid.

Quid, si le donataire étoit favorable, ibid.

Celui qui a commis un crime, ibid.

Le mari & la femme peuvent-ils se donner pendant le mariage? 33 c. 1 & 2

Ceux dont le mariage est nul peuvent-ils se donner, ibid.

Un mineur peut-il accepter une donation? ibid.

Les donations faites à ceux avec lesquels le donateur vit en mauvais commerce sont nulles, ibid.

Les héritiers d'un donateur sont-ils en droit d'exciper de l'adultere pour empêcher l'effet de la donation, ibid.

Peut-on donner aux bâtards? 34. c. 1

A leurs enfans légitimes, 34 c. 2

Peut-on donner aux Médecins? ibid.

Aux Procureurs, 35 c. 1

Aux Confesseurs, ibid.

A un inconnu, ibid.

Peut-on donner une créance? ibid.

Le consentement du débiteur n'est pas nécessaire pour la validité de la donation, ibid.

On peut donner une portion indivise, ibid.

Le donateur doit livrer la chose donnée, 35 c. 2

La perte du contrat de donation n'annulle pas la donation, ibid.

Le donateur peut-il revoquer la donation, 36 c. 2

Quid, si le donataire est ingrat, pag. 37 col. 1

Le refus de fournir des alimens est-il une cause d'ingratitude suffisante pour révoquer une donation, 37 c. 1 & 2

Tout Donateur peut révoquer pour cause d'ingratitude, 38 c. 1

Les héritiers du donateur peuvent-ils demander la révocation de la donation ? 38 c. 8

Cette demande peut-elle être formée contre l'héritier du donataire, ibid.

Les acquereurs du donataire peuvent-ils être évincés dans le cas de revocation de la donation. ibid.

L'hypoteque contractée par le donataire, subsiste-t-elle après la révocation de la donation, 39 c. 1

La révocation de la donation oblige-t-elle le donataire à la restitution des effets péris, 39 c. 2

Voyez *Dons. Prescription. Servitude. Testament. Tradition.*

Dot. La femme doit apporter une dot, 22 c. 1

Si l'effet donné en dot est estimé, sur qui tombe la perte arrivée avant le mariage, 22 c. 2

Quid, si l'effet périt pendant le mariage, 23 c. 1

Peut-on stipuler que le mari rendra plus ou moins que l'estimation, 23 c. 2

Si l'effet donné en dot n'est pas estimé, qui en doit supporter la perte ? 24 c. 1

Quand l'estimation doit-elle se faire ? 24 c. 2

Si l'estimation a été faite à vil prix, le mari est-il obligé de rendre l'effet estimé ? ibid.

Une femme peut apporter en dot ce qui lui est dû par son mari, 25 c. 1

L'estimation de cet effet faite par le contrat de mariage n'oblige le mari qu'à la restitution du prix de l'estimation, ibid.

Les fruits de la dot en font-ils partie, 25 c. 1 & 2

Les fruits d'un immeuble dont la femme n'a que l'usufruit font-ils partie de la dot ? 26 c. 1

Une femme ne peut sans le consentement de son mari aliener le fond dotal, 26 c. 2

Un pere ne peut repeter une somme qu'il a donnée en dot à la fille croyant lui devoir, 27 c. 2

Les héritiers sont obligés de payer la dot promise par le pere, quand même le contrat de mariage ne seroit célebré qu'après la mort du pere, pag. 28 c. 1

Quelle regle un tuteur doit-il suivre pour la constitution de la dot ? ibid.

Un pere ne peut diminuer la dot qu'il a promise, 28 c. 2

Dot profectice, 28 c. 2 p. 29 c. 1 & 2

Le pere qui a doté ou ses héritiers sont garants de la dot, 30 c. 1

Si l'effet apporté en dot n'appartient pas à la femme, le mari peut-il prétendre une indemnité, ibid.

Voyez *Eviction. Option. Restitution.*

E

Eau. A qui appartient l'eau d'une source ou d'un ruisseau, 47 c. 2

Droit de prendre de l'eau dans un fonds, 48 c. 1

Education. A qui appartient celle des mineurs, 58 c. 2

Dépense du tuteur pour l'éducation des mineurs, 59 c. 1

Engagement. Voyez *Prescription.*

Erreur. Voyez *Legs. vente*

Eviction. Peut-on stipuler qu'en cas d'éviction l'acquereur ne pourra demander la restitution que d'une portion du prix, 13 c. 2

Le vendeur peut-il évincer s'il a vendu l'héritage d'un tiers dont il est l'héritier, 14 c. 1

Un second acquereur pourroit-il dans ce cas évincer le premier ? 14 c. 2

L'effet apporté en dot étant estimé, le mari peut-il demander des dommages & intérêts pour l'éviction, 22 c. 1

Excuse. Voyez *Tuteur.*

Exil. Voyez *Restitution.*

F

Femme. Voyez *Donation.*

Fidei-commis. Division des fidei-commis, 101 c. 2

Leur définition, ibid.

Le fidei-commis d'une succession échue est-il particulier, 102 c. 1

Voyez *Substitution.*

Fille. Voyez *Arbitre.*

Fils de famille. Voyez *Inofficiosité. testament.*

Perte. Voyez *Héritier. Restitution.*

Force majeure. Voyez *Bail.*

Fraude. Voyez *Restitution.*

Fruits. Quels sont les fruits d'une maison, 68 c. 1

Voyez *Chasse.*

Furieux. Voyez *Legs. testament.*

G

Garantie. Quelles sont les choses pour lesquelles le vendeur est obligé de garantir l'acquereur, *pag.* 12 *col.* 2

Contre qui la demande en garantie doit-elle être formée, 13 c. 1

Celui qui représente l'acquereur est en droit d'exercer l'action en garantie contre le vendeur, ibid.

En quoi consiste la garantie dans le cas de vente d'une dette, 14 c. 2

Peut-on stipuler que le vendeur ne sera pas garant des défauts de la chose vendue, 15 c. 2

Celui qui est restitué contre un contrat de vente ne peut être tenu d'aucune garantie, 79 c. 2

Voyez *Dommages & intérêts. Det. Eviction. Louage.*

Greffiers. Voyez *Donation.*

H

Habitation. Quand finit ce droit, 43 c. 1

Heritier. Celui qui ne peut pas être héritier ne peut pas faire acte d'héritier, 82 c. 1

Celui qui ne s'est pas immiscé ne peut être héritier, 82 c. 2 & 83 c. 1

La demande en communication d'inventaire n'est pas un acte d'héritier, 83 c. 1

La poursuite de la vengeance de la mort d'un défunt est-elle un acte d'héritier, ibid.

Le payement des frais funéraires, 83 c. 2 & 84 c. 1

Un acte fait par force ne peut donner la qualité d'héritier, 84 c. 2

Voyez *Autorité. Prescription. Succession.*

Hypoteque. Qui peut hypotequer, 63 c. 2

Le créancier hypotequaire doit-il être preferé au Chirographaire, 64 c. 1

De la préférence entre les créanciers hypotequaires, ibid.

L'hypoteque est réelle, 64 c. 2.

Elle s'éteint si le créancier y renonce, ibid.

Quid, s'il donne un délai, ibid.

Quid, s'il n'y renonce qu'à la charge de donner caution, ibid.

Quid, si le créancier permet au débiteur de vendre ou donner, 65 c. 1 & 2, & 66 c. 1 & 2

L'action personnelle n'anéantit pas l'hypoteque, *pag.* 66 *col.* 2

Lorsque les créanciers achetent l'héritage qui leur est hypotequé, ils perdent leur hypoteque, 67 c. 1 & 2

Voyez *Subrogation. Usufruit.*

I

Imputation. Quand un payement est fait sur deux différentes dettes, l'imputation doit-elle se faire sur la première énoncée dans la quittance, 73 c. 2

Quand une caution de deux personnes fait un payement sans marquer la dette sur laquelle doit se faire l'imputation, quelle regle faut-il suivre en ce cas? 74 c. 1 & 2

Ingratitude. Voyez *Donation.*

Inofficiosité. Celui qui a approuvé un testament ne peut intenter la querelle d'inofficiosité, 87 c. 1

Un fils de famille peut-il attaquer un testament que son pere a approuvé, ibid.

L'Avocat d'un légataire peut-il intenter cette querelle, 87 c. 2

L'action d'inofficiosité passe-t-elle à l'héritier, 87 c. 2 & 88 c. 1

Un testament peut-il être déclaré inofficieux sans donner atteinte aux donations entre-vifs, 88 c. 1

Quand un testament est déclaré inofficieux, l'héritier institué conserve tous les droits contre la succession, ibid.

Les légataires sont en droit d'intervenir dans les contestations sur la querelle d'inofficiosité, 88 c. 2

Quelle preuve doivent faire ceux qui intentent la querelle d'inofficiosité, ibid.

Interdits. Voyez *Donation.*

Interêts. Le créancier qui a consigné doit-il des interêts? 66 c. 2

Peines stipulées pour tenir lieu d'intérêts, 68 c. 2 & 69 c. 1

Interruption. Sa définition, 71 c. 1

Intervention. Voyez *Inofficiosité.*

L

Legs. Un furieux est-il capable de recevoir un legs, 86 c. 1

On peut leguer à des personnes élevées en dignité, 86 c. 2

Peut-on accepter un legs en partie, 90 c. 1

Des legs à la volonté de l'héritier, 90 c. 1 & 2

Des legs faits pour accepter une tu-

telle, pag. 91 col. 1
Des legs faits pour se marier, 91 c. 2
92 c. 1 & 2 & 93 c. 1
Du legs fait à condition de ne pas épouser une certaine personne, 92 c. 1
De la fausse dénomination du légataire, 93 c. 1
Erreur dans le nom de la chose léguée, 93 c. 2
Des legs faits en compensation, ibid.
Du legs d'un effet à une personne & d'une partie à une autre, 93 c. 2 & 94 c. 1
Un legs est-il nul quand le testateur ne possédoit pas l'effet legué au moment de son décès, 94 c. 1
Le legs d'un livre est-il valable quand le livre ne se trouve pas complet, ibid.
Le legs d'une somme au-delà de ce que le testateur doit, est-il valable, 94 c. 2
Comment les legs sont-ils payés quand ils excedent les facultés du testateur, ibid.
Le legs d'un fond à l'exception des vignes est-il valable quand il n'y a pas de vignes? ibid.
Si le même effet est legué plusieurs fois à la même personne par un même testament, comment ces legs seront-ils payés? 95 c. 1
Quid, si le même effet est legué par différentes personnes, ibid.
Quid, si la même somme est leguée plusieurs fois par le même testament, 95 c. 2
Un testateur peut il leguer ce qui appartient à un tiers, ibid.
Un legs annuel finit-il par la mort civile du légataire, 96 c. 2
Le legs d'un troupeau peut-il avoir lieu quand il ne reste qu'une bête lors du décès du testateur, 92 c. 2
Le legs d'un meuble est il censé revoqué quand le testateur a joint ce meuble à une maison, ibid.
Voyez Option. Servitude. Testament. Usufruit.
Livre. Voyez Legs.
Loi. Les conventions contre la disposition de la Loi sont-elles valables, 3 c. 2
Louage. Le prix est nécessaire pour la validité du louage, 15 c. 1 & 2
On peut convenir que le prix sera fixé par un tiers, 16 c. 1
Le locataire peut emporter ce qu'il a fait faire, pourvu que cela ne fasse pas préjudice à la maison, 17 c. 2
Voyez Baux.

M
Majeur. Voyez Restitution.
Maison. Voyez Fruit.
Malade. Voyez Transaction.
Mari. Voyez Donation.
Medecin. Voyez Donation.
Menaces. Voyez Restitution.
Mesurage. Voyez Vente.
Mesure. Peut-on vendre à toute sorte de mesure? pag. 6 col. 2
Meuble. Voyez Legs.
Mineur. Voyez Donation. Restitution.
Muet. Voyez Donation.

N
Novation résout la convention, 4 c. 2

O
Option. Quand on stipule dans un contrat de mariage que le mari sera tenu de rendre l'effet donné en dot ou le prix de l'estimation qui doit avoir l'option, 24 c. 1
Quand un testateur legue de deux effets l'un qui doit avoir l'option, 96 c. 2 & 97 c. 1

P
Payement résout la convention, 3 c. 1
Parenté. Peut-on renoncer à un droit de parenté, 3 c. 1
Pacts, sont-ils valables? 3 c. 2
Partage. Ce qui a été preferit par un héritier entre-t-il en partage, 84 c. 1
Un partage doit-il être redigé par écrit, 84 c. 2
Peut-il être revoqué, 85 c. 1
Voyez Prescription.
Passage. On ne peut pas passer sur un fonds si on n'a pas droit de servitude sur ce fonds, 47 c. 2
Perte. Voyez Vente.
Possession. La possession d'un vendeur est-elle utile à l'acquereur pour la prescription, 71 c. 1 & 2
Celle de l'acquereur à faculté de remeré peut-elle être utile au vendeur, 71 c. 2
La possession d'un propriétaire peut-elle acquerir la prescription contre lui, quand il a acquis ou loué son propre bien, 71 c. 2 & 72 c. 1
La possession se peut-elle conserver par celui qui ne possede pas en nôtre nom

nom, *pag.* 72 col. 1 & 2

Voyez *Prescription.*

Prescription. Il n'y a plus de prescription sans possession, 70 c. 1 & 2

Celui qui possede à titre d'engagement peut-il prescrire, 72 c. 2

un partage est-il un juste titre pour prescrire, ibid.

Une translation, ibid.

Une donation, 72 c. 2 & 73 c. 1

Peut-on prescrire lorsqu'on possede comme héritier d'une personne vivante qu'on croyoit morte, 73 c. 1

La superficie peut-elle se prescrire sans le sol, 73 c. 2

Voyez *Interruption. Partage. Possession.*

Preuve. Un aveu fait par une partie est-il une preuve, 69 c. 1

Celui fait par un Procureur, 69 c. 2

Prix. Peut-on vendre à tel prix qu'on juge à propos, 6 c. 2

De la clause que le vendeur sera tenu de payer le prix dans un certain tems, 9 c. 2

Procureur. Voyez *Donation. Preuve.*

Prodigue. Voyez *Donation.*

Q

Quittance. Voyez *Restitution.*

Querelle. Voyez *Insufficisance.*

R

Remise de portion du prix à condition de payer le surplus dans un certain tems, 5 c. 1

Renonciation. Voyez *Parenté.*

Restitution. Peut-elle avoir lieu pour une dot, 75 c. 1

Accordée aux mineurs à cause de la foiblesse de leur âge, ibid.

La minorité sans lezion n'est cause de restitution, 75 c. 1 & 2

Les mineurs élevés en dignité peuvent-ils être restitués, 75 c. 2 & 76 c. 1

Un mineur peut-il être restitué contre ce qui a été fait par ses tuteurs & curateurs, 76 c. 1

Un mineur peut-il être restitué contre une quittance, 76 c. 1 & 2

Contre un cautionnement, 77 c. 1

La restitution accordée aux mineurs caution ne peut profiter au débiteur principal, ibid.

La ratification en majorité empêche-t-elle la restitution, ibid.

Un majeur peut-il être restitué, 77 c. 2

La restitution a-t-elle lieu en cas de fraude, ibid.

Quand court le délai dans ce cas, 78 c. 1

a-t-elle lieu contre les actes contractés par force, ibid.

Contre ceux contractés par crainte, ibid.

Toute sorte de crainte donne-t-elle lieu à la restitution, *pag.* 78 col. 1

Il faut prouver la crainte, 78 c. 2 & 79 c. 1

Suffiroit-elle pour operer la restitution, 79 c. 1

La crainte d'une accusation peut-elle donner lieu à la restitution, ibid.

La restitution du mineur sert-elle au majeur, 79 c. 1 & 2

Les délais pour la restitution courent-ils contre un exilé, 79 c. 2

Voyez *Caution. Garantie. Substitution.*

Revocation. Voyez *Donation. Testament. Transaction.*

S

Serment. Le serment peut-il être déféré dans toutes sortes d'affaires, 70 c. 1

Servitude. Le droit de servitude réelle passe à l'acquereur, 5 c. 2

La vente d'un droit de prendre de l'eau dans un endroit oblige le vendeur à fournir un passage, 6 c. 1

Division des servitudes, 44 c. 1 & 2

La servitude peut subsister pour une portion du fonds, 45 c. 1

Elle peut s'établir par un contrat de vente, donation ou autre, 45 c. 1 & 2

La servitude ne peut-elle être imposée que sur un héritage voisin, 45 c. 2

La nature de la servitude doit être exprimée dans le titre, 45 c. 1

Servitude présumée reservée par le contrat de vente, 46 c. 1 & 2

La servitude ne peut être prétendue par un acquereur ou legataire si elle n'est établie précisément, 46 c. 2

Servitude pour une certaine heure, ibid.

La servitude subsiste nonobstant le changement de propriétaire de l'héritage qui en est chargé, 47 c. 1

Changemens faits contre le droit de servitude, ibid.

Servitude due à une certaine espece d'héritage, 48 c. 2

La servitude finit quand le propriétaire de celui qui la doit devient propriétaire de l'héritage auquel elle est due, 49 c. 1 & 2

Exceptions, ibid.

La servitude finit-elle si le propriétaire de l'héritage auquel elle est due a permis de changer l'état des lieux, 50 c. 1

La servitude finit-elle quand le mari est propriétaire de l'héritage chargé de la servitude, & la femme de celui auquel la servitude est due *& vice versâ*, 50 c. 1 & 2

Le droit de servitude se conserve par la jouissance de celui qui n'est pas propriétaire, 50 c. 2

Un legataire doit-il avoir le fond legué exempt de tout droit de servitude, 97 c. 1 & 2

Si le fonds de l'héritier étoit chargé d'un droit de servitude envers le fonds legué, la servitude subsisteroit-elle, *pag.* 97 *col.* 2

Voyez *Eau. Passage.*

Societé ne peut se contracter que pour un tems, 19 c. 1

de la négligence des associés, 19 c. 2

La societé se dissout-elle quand un associé renonce à sa part, 20 c. 2

La perte de la mise d'un associé opere-t-elle la dissolution de la societé, ibid.

Le partage des effets de la societé se regle par les conventions, 21 c. 1

Comment se regle le partage quand un des associés est débiteur envers la societé, ibid.

Sol. Voyez *Prescription.*

Sourd. Voyez *Donation.*

Subrogation. Un créancier posterieur en hypoteque peut-il demander d'être subrogé aux droits du premier créancier, 64 c. 1

Substitution. Sa définition, 99 c. 1

La substitution vulgaire n'a lieu quand l'héritier institué n'accepte, ibid.

Quid, si l'héritier se fait restituer contre son acceptation, ibid.

La substitution pupillaire ne peut avoir lieu si le testament ne contient une disposition des biens du testateur, 99 c. 2 & 100 c. 1

Différence entre la substitution pupillaire & la substitution exemplaire, 100 c. 1

La substitution pupillaire peut être faite pour finir avant l'âge de puberté, 100 c. 2

On peut substituer pupillairement aux petits enfans & autres descendans, 101 c. 1

Un ayeul peut-il substituer pupillairement à ses petits-enfans qui retombent sous la puissance de leur pere, ibid.

Le testateur qui a droit de substituer pupillairement, peut-il grever l'institué d'une substitution fidei-commissaire, ibid.

Les substitutions fidei-commissaires ne peuvent avoir lieu sans institution, 102 c. 2

Pour grever quelqu'un de substitution, il faut lui leguer au-delà de la portion qui lui appartient aux termes de la loi, 103 c. 1

Au substituus capiat à gravante vel à gravato, ibid.

Pour recueillir une succession il faut être né lors de son ouverture, 103 c. 2

La mort civile du grevé donne ouverture à la substitution, ibid.

Une substitution n'est valable si le testament qui la contient n'est revêtu des formalités prescrites par la Loi, ibid.

Le survivant de deux légataires étant chargé de rendre un tiers, les deux légataires sont présumés substitués l'un à l'autre, 104 c. 1

La prohibition d'aliener emporte-t-elle une substitution, *pag.* 104 *col.* 2 & 105 c. 1

Peut-on renoncer à une substitution, quand & comment y peut-on renoncer, 105 c. 2 & 106 c. 1

Un partage fait sans réserve entre coheritiers substitués réciproquement l'un à l'autre, fait-il présumer la renonciation à la substitution, 106 c. 1

L'appellé à la substitution qui a signé comme témoin un contrat de vente des biens substitués, est-il censé avoir renoncé à la substitution, ibid.

Un consentement donné à la vente des biens substitués, est-il une renonciation à la substitution, 106 c. 2 & 107 c. 1

Un mineur peut-il être restitué contre la renonciation à une substitution, 107 c. 2

Succession. Le fils de l'héritier incapable peut-il succeder, 81 c. 1

Quelles sont les personnes indignes de succeder, 81 c. 2

Vozez *Héritiers.*

Superficie. Voyez *Prescription.*

T

Témoins. Qualités de témoins, 70 c. 2

On ne peut être témoin dans la cause, ibid.

Testament. Il faut pour la validité d'un testament que le testateur soit capable de tester, 85 c. 1

un testament doit-il être écrit de la main du testateur, 85 c. 2

Le testament de celui qui s'est tué est-il valable, ibid.

Un furieux peut-il tester, 86 c. 1

Les testamens sont révocables jusqu'à la mort, 86 c. 2

Un fils de famille peut-il recevoir par testament, ibid.

Des dispositions des testamens qui sont contre les bonnes mœurs, 90 c. 2 93 c. 1

Voyez *Inofficiosité.*

Tradition peut précéder la donation, 35 c. 2

Transaction. Un malade peut-il transiger, 51 c. 1

Les transactions doivent-elles être rédigées par écrit, ibid.

Elles doivent être exécutées, 51 c. 2

Une partie peut-elle se retracter au moment de la transaction, ibid.

Les transactions peuvent être annullées du consentement réciproque des parties, ibid.

Comment doit s'entendre la renonciation à tout droit faite par une transaction, 52 c. 1

Une transaction ne peut nuire qu'à ceux entre qui elle est faite, 52 c. 2

Voyez *Convention. Prescription.*

Troupeau. Voyez *Legs.*

Tuteur. Peut-on donner plusieurs tuteurs à une même personne, pag. 56 col. 1

Peut-on donner un tuteur à un absent, ibid.

Peut-on donner un tuteur à quelqu'un malgré lui, 56 c. 2

A un muet, ibid

A un sourd, 57 c. 1

Le tuteur est-il garant de l'insolvabilité des débiteurs, 59 c. 1

Peut-il être obligé de remettre une partie de sa créance, ibid.

Des intérêts dus par le tuteur, 59 c. 2 & 60 c. 1

La détention du tuteur chez les ennemis est-elle une cause de destitution, 60 c. 2

Celle du mineur, ibid.

La pauvreté du tuteur, ibid.

Son absence, ibid.

La prévarication du tuteur, 61 c. 1

Même dans le cas où il offriroit de donner caution, ibid.

Causes qui excusent la tutelle, 61 c. 2 & 62 c. 1 & 2

Voyez *Autorité. Dépense. Éducation. Legs.*

V

Vaisseau. Voyez *Usufruit.*

Vente. La vente faite à deux personnes sans le consentement de l'un des deux est-elle valable, 4 c. 1 & 2

Le vendeur n'est obligé de fournir que ce qui a été l'objet de la vente, 6 c. 1

Quand le prix d'une vente est fixé par le nombre d'arpens, les rivages & chemins publics ne doivent pas faire partie de la mesure, 7 c. 1

Si par le mesurage il se trouve plus d'arpens que le vendeur n'en a déclaré l'acquereur doit-il payer le prix du surplus, ibid.

Peut-on stipuler que l'acquereur ne pourra vendre à d'autre qu'au vendeur, 8 c. 2

Clause que l'acquereur sera tenu de libérer l'héritage dans un certain tems, 9 c. 1

Clause que l'acquereur pourra rendre au vendeur l'effet vendu, 10 c. 1

Si l'effet vendu & livré est volé, la perte tombe sur l'acquereur, 10 c. 2

En cas de vente d'un certain nombre de bouteilles de vin à prendre au tonneau, sur qui tombe la perte si le vin du tonneau se perd, 11 c. 1

L'erreur dans le nom de la chose vendue ne rend pas la chose nulle, 11 c. 2

La vente d'une maison ou de bois de haute futaye est-elle valable pour le fonds quand la maison ou le bois étoient brulés lors de la vente, pag. 11 col. 2

La vente sous condition d'un effet qui avoit été vendu sans condition est-elle valable, 12 c. 1

Peut-on stipuler qu'en cas d'éviction l'acquereur ne pourra demander la restitution que d'une portion du prix, 13 c. 2

La faveur des mineurs n'empêche la résolution de la vente pour les défauts de la chose vendue, 15 c. 2

Voyez *Arrhes. Bail. Condition. Dommages & Intérêts. Garantie. Prix. Remise. Servitude.*

Vieillard. Voyez *Donation.*

Vol. Voyez *Vente.*

Usage. Quand finit ce droit, 43 c. 2

Usufruit. Sa définition, 42 c. 1

Comment se constitue, ibid.

N'empêche pas le propriétaire de disposer de la propriété, 40 c. 2

Le legs des revenus de chaque année est-il un legs d'usufruit, ibid.

En matière de substitution on confond souvent l'usufruit avec la propriété, 41 c. 1

L'usufruit peut avoir lieu pour une portion, ibid.

L'usufruitier ne doit abbattre les bois de haute-futaye, 41 c. 2

Il est obligé de souffrir les servitudes imposées sur l'héritage avant la constitution de l'usufruit, ibid.

Doit jouir en bon pere de famille, ibid.

Usufruit d'un batteau ou vaisseau, 42 c. 1

Charge de l'usufruit, ibid.

Le propriétaire peut-il faire démolir les Bâtimens sujets à l'usufruit, ibid.

Durée de l'usufruit, 42 c. 2 & 43 c. 1

Finit-il par la mort ou changement du propriétaire, ibid.

Quid, si l'héritage est pris par les ennemis, 43 c. 2

L'usufruit legué à une ville finit quand la ville est détruite, ibid.

L'usufruit peut-il être hypotequé, 63 c. 1

L'usufruit legué étant chargé d'un legs annuel les heritiers du testateur sont-ils obligés de le continuer après la mort de l'usufruitier, 96 c. 1

Le legs de l'usufruit d'une maison a-t-il lieu quand la maison a été reconstruite de nouveau depuis la confection du testament, 97 c. 2

Quid, si elle n'a été reconstruite qu'en partie, 98 c. 1

Usure. Une stipulation usuraire est nulle, 69 c. 2

FIN DE LA TABLE DES MATIERES.

J'AI lû par ordre de Monseigneur le Chancelier un Manuscrit intitulé : *Supplément aux Loix Civiles dans leur ordre naturel*, je n'y ai rien trouvé qui m'ait paru devoir en empêcher l'impression. A Paris ce 7 Juillet 1751.

TERRASSON.

PRIVILEGE DU ROI.

LOUIS par la grace de Dieu, Roi de France & de Navarre : A nos amés & feaux Conseillers, les Gens tenans nos Cours de Parlement, Maîtres des Requêtes ordinaires de notre Hôtel, Grand Conseil, Prevôt de Paris, Baillifs, Sénéchaux, leurs Lieutenans Civils & autres nos Justiciers qu'il appartiendra : SALUT. Notre bien amé le sieur De Jouy, Avocat en notre Parlement, Nous a fait exposer qu'il désireroit faire imprimer & donner au Public un ouvrage qui a pour titre : *Supplément aux Loix Civiles dans leur ordre naturel*, s'il Nous plaisoit lui accorder nos Lettres de Privilege pour ce nécessaires. A CES CAUSES, voulant favorablement traiter l'Exposant, Nous lui avons permis & permettons par ces Présentes de faire imprimer ledit ouvrage en un ou plusieurs volumes & autant de fois que bon lui semblera, & de le faire vendre & débiter par tout notre notre Royaume, pendant le tems de dix années consécutives, à compter du jour de la date des Présentes : Faisons défenses à tous Imprimeurs, Libraires & autres personnes de quelque qualité & condition qu'elles soient, d'en introduire d'impression étrangere dans aucun lieu de notre obéïssance ; comme aussi d'imprimer ou faire imprimer, vendre faire vendre, débiter ni contrefaire ledit ouvrage, ni d'en faire aucun extrait sous quelque prétexte que ce soit, d'augmentation, correction, changement ou autres sans la permission expresse & par écrit dudit Exposant, ou de ceux qui auront droit de lui, à peine de confiscation des Exemplaires contrefaits, de trois mille livres d'amende contre chacun des contrevenans, dont un tiers à Nous, un tiers à l'Hôtel Dieu de Paris & l'autre tiers audit Exposant ou à celui qui aura droit de lui, & de tous dépens, dommages & intérêts : à la charge que ces Présentes seront enregistrées tout au long sur le Registre de la Communauté des Imprimeurs & Libraires de Paris dans trois mois de la date d'icelles : que l'impression dudit ouvrage sera faite dans notre Royaume & non ailleurs, en bon papier & beaux caracteres, conformément à la feuille imprimée attachée pour modele sous le contre-scel des présentes ; que l'impétrant se conformera en tout aux Reglemens de la Librairie, & notamment à celui du 10 Avril 1725. Qu'avant de l'exposer en vente, le Manuscrit qui aura servi de copie à l'impression dudit ouvrage, sera remis dans le même état où l'Approbation y aura été donnée ès mains de notre très-cher & feal Chevalier Chancelier de France le sieur de Lamoignon ; & qu'il en sera ensuite remis deux exemplaires dans notre Bibliotheque publique, un dans celle de notre Château du Louvre, un dans celle de notredit très-cher & feal Chevalier Chancelier de France le sieur de Lamoignon, & un dans celle de notre très-cher & feal Chevalier Garde des Sceaux de France le sieur de Machault, Commandeur de nos Ordres ; le tout à peine de nullité des Présentes ; du contenu desquelles vous mandons & enjoignons de faire jouir ledit Exposant & ses ayans causes pleinement & paisiblement, sans souffrir qu'il leur soit fait aucun trouble ou empêchement. Voulons que la copie des Présentes, qui sera imprimée tout au long au commencement ou à la fin dudit ouvrage, soit tenue pour duëment signifiée, & qu'aux copies collationnées par l'un de nos amés & feaux Conseillers Secretaires foi soit ajoutée comme à l'original. Commandons au premier notre Huissier ou Sergent sur ce requis de faire pour l'exécution d'icelles tous actes requis & nécessaires, sans demander autre permission, & nonobstant clameur de Haro, Charte Normande & Lettres à ce contraires : Car tel est notre plaisir. Donné à Versailles le treiziéme jour du mois d'Août, l'an de grace mil sept cens cinquante-un, & de notre Regne le trente-sixiéme. Par le Roi en son Conseil, *Signé* SAINSON.

Régistré sur le Régistre XII. de la Chambre Royale & Syndicale des Libraires & Imprimeurs de Paris, No. 666. fol. 522. conformément au Reglement de 1723. qui fait défenses Art. 4. à toutes personnes de quelque qualité & condition qu'elles soient, autres que les Libraires & Imprimeurs, de vendre, débiter & faire afficher aucuns Livres pour les vendre en leurs noms, soit qu'ils s'en disent les Auteurs ou autrement ; & à la charge de fournir à la susdite Chambre neuf Exemplaires prescrits par l'Art. 108. du même Reglement. A Paris, ce 26 Octobre 1751. LE GRAS, Syndic.

J'ai cédé le présent Privilege à M. Knapen, pour en jouir en mon lieu & place, comme de chose à lui appartenante, & ce suivant les conditions faites entre nous. A Paris ce 24 May 1755.

DE JOUY.

Régistré sur le Régistre XIII. de la Chambre Royale des Libraires & Imprimeurs de Paris, fol. 417. conformément aux Reglemens, & notamment à l'Arrêt du Conseil du 10. Juillet 1745. A Paris le 30 May 1755. Signé DIDOT, Syndic.

J'ai cédé à M. Saugrain, Fils, moitié au présent Privilége. A Paris ce 5 Novembre 1755.

Signé KNAPEN.

9 782329 226798